Andres Montaña

Relaciones sociales y capital social en una economía en desarrollo.

Andres Montaña

Relaciones sociales y capital social en una economía en desarrollo.

El caso de la caficultura colombiana

PUBLICIA

Impressum / Aviso legal
Bibliografische Information der Deutschen Nationalbibliothek: Die Deutsche Nationalbibliothek verzeichnet diese Publikation in der Deutschen Nationalbibliografie; detaillierte bibliografische Daten sind im Internet über http://dnb.d-nb.de abrufbar.

Información bibliográfica de la Deutsche Nationalbibliothek: La Deutsche Nationalbibliothek clasifica esta publicación en la Deutsche Nationalbibliografie; los datos bibliográficos detallados están disponibles en internet en http://dnb.d-nb.de.

Coverbild / Imagen de portada: www.ingimage.com

Verlag / Editorial:
PUBLICIA
ist ein Imprint der / es una marca de
OmniScriptum GmbH & Co. KG
Bahnhofstraße 28, 66111 Saarbrücken, Deutschland / Alemania
Email / Correo Electrónico: info@omniscriptum.com

Herstellung: siehe letzte Seite /
Publicado en: consulte la última página
ISBN: 978-3-639-55929-3

Zugl. / Aprobado por: Bogotá, Universidad Nacional de Colombia Tesis Doctoral en Ciencias Económicas, 2009

RELACIONES SOCIALES Y CAPITAL SOCIAL EN LA CAFICULTURA DE UNA ECONOMIA EN DESARROLLO

ANDRÉS MONTAÑA SARMIENTO

A Juanita, María José, Ania y Alejandro.

AGRADECIMIENTOS

En este libro se presentan los resultados de una investigación sobre el capital social en la caficultura de Colombia. Durante el desarrollo de la investigación recibí el apoyo de muchas entidades y personas que de manera entusiasta colaboraron en la realización de ésta. Quisiera expresar un reconocimiento de gratitud, a los profesores de la Universidad Nacional de Colombia Manuel Muñoz y Absalón Machado.

Quiero agradecer a Nohora García, Pedro Nel Páez, Diego Hernández, Alexandra Montoya, Iván Montoya, José Reyes, Gustavo Díaz, Nohora León, Germán Sánchez, José Silva y Luis Rosado su amistad, sus sugerencias, y su invaluable apoyo. Expreso una deuda de gratitud a Yadira Luna.

Deseo agradecer a Colciencias y la Universidad Nacional de Colombia por haber financiado la investigación. Agradezco el apoyo de los Profesores de la Universidad Nacional Iván Darío Hernández, Jorge Iván Bula, José Félix Cataño y Manuel Muñoz que facilitaron la labor de investigación. Igualmente, a Homero Cuevas, Luis Ignacio Aguilar y Jorge Iván Bula por el interés en la investigación. Expreso mi agradecimiento a los profesores María Teresa Regueros y al Profesor Leopoldo Múnera por su interés y apoyo legítimos y desinteresado a la investigación científica.

De manera muy especial agradezco al Profesor Tom Snijders de la Groningen University, en el Reino de los Países Bajos así como a todo el personal del Interuniversitary Center for Social Studies, ICS de la RUG especialmente a Jenny Van Bachum.

Expreso una deuda de gratitud con el profesor Ronald Inglehart de la Universidad de Michigan, al Profesor Shyam Sunder de la Universidad de Yale y al Profesor Richard Nelson, por sus comentarios que me ayudaron a orientar mejor la investigación y me abrieron a nuevas áreas de estudio e investigación. Agradezco al Profesor Edgar Malagón su colaboración y a Andrés Salamanca por su apoyo en el diseño de la simulación en Java para el análisis empírico de la investigación. Agradezco al Profesor Iván Darío Hernández que me proporcionó material importante para la definición del trabajo.

El autor

Tabla de Contenido

Índice de Cuadros

1. INTRODUCCIÓN.

El capital social es un tema que tiene gran relevancia para las ciencias sociales y económicas. Hace algunos años se encontraban pocas referencias de estudios e investigaciones en este campo y hoy esta área se aborda desde diferentes enfoques teóricos y con diferentes metodologías. Sin embargo, aún no hay un acuerdo acerca de la definición de capital social y desde estos múltiples enfoques se proponen diferentes alternativas teóricas que pretenden explicar el concepto.

Las ciencias económicas no han sido ajenas a este creciente interés pues en la disciplina se observan varios estudios y aplicaciones, también desde diferentes perspectivas. A través del concepto del capital social se puede evidenciar el modo en que interactúan los individuos, la forma como se organizan en grupos sociales y cómo inciden estas decisiones sobre el quehacer económico.

Abordar la conceptualización del capital social implica la revelación de sus principales componentes a saber, las relaciones sociales[1] que establecen los individuos, la forma como éstos se integran para constituir organizaciones[2] y la manera como se integran estas organizaciones en formas más complejas en las cuales se genera el capital social.

El eje central de la investigación, el capital social, se analizará en el contexto de la caficultura en Colombia. La caficultura como renglón productivo, mostró un decaimiento paulatino en su importancia relativa respecto a la producción nacional y agropecuaria. Según el Departamento Nacional de Planeación, DNP la superficie cosechada mostraba una reducción en los primeros años del siglo XXI en 286.000 has. aproximadamente.[3] Ocurrió una reducción en el área sembrada, y en la participación en la superficie sembrada respecto al área total sembrada.

Desde 1970 y especialmente durante el período 1993-1997 se consolidó un modelo de producción en el que participan mayoritariamente pequeños productores pues el 44% de las fincas eran menores a 3 has.[4] La caficultura enfrentó una de

---

[1] Se hace referencia a relaciones sociales desde el punto de vista de la teoría económica. La sección 5.2. se ocupa detalladamente de la definición y caracterización de este término.

[2] Se hace referencia especialmente al concepto de organización como lo hace Sunder (2005). La investigación en la sección 5.1. se ocupa detalladamente de la definición y caracterización de estos términos en la teoría económica.

[3] DNP en: http://www.dnp.gov.co/PortalWeb/Programas/Agriculturapecuarioforestalpescaycaza/Estad%C3%ADsticasdelSectorAgropecuario/Informaci%C3%B3nAgr%C3%ADcola/tabid/437/Default.aspx.

[4] Ministerio de Agricultura y Desarrollo Rural, Agrocadenas Colombia - Café. Evolución histórica de la caficultura colombiana por rangos de tamaño de los predios Entre 1970 y 1993-97. En: http://www.agrocadenas.gov.co/home.htm.

sus peores crisis desde su consolidación a principios del siglo anterior. La estructura de la producción y la estructura social que conformaron los productores encaraba una desfavorable coyuntura mundial, que, agravada por las condiciones imperantes en el país, comprometieron la viabilidad y sostenibilidad de la producción hacia el futuro.

El subsector cafetero se ha caracterizado por la compleja estructura organizacional de los productores, desarrollada desde principios del siglo XX[5] que ha intervenido en el fomento de la producción.

A pesar de su reducción económica el subsector sigue siendo de fundamental importancia económica para el país, desde el punto de vista de la estabilidad social en el sector rural y desde el punto de vista del consumo, pues la producción cafetera involucra más de 500.000 productores.

La investigación se enmarca teóricamente en la concepción original planteada desde Bourdieu (1985) según el cual, el capital social es el agregado de los recursos reales o potenciales que se vinculan a la posesión de una red duradera de relaciones más o menos institucionalizadas de conocimiento o reconocimiento mutuo. Bourdieu aclaró que el capital social puede descomponerse en dos elementos: primero la relación social misma, que permite a los individuos reclamar el acceso a los recursos poseídos a sus asociados y segundo el monto y la calidad de esos recursos.[6]

Flap (2004)[7] define el capital social como el soporte social que un individuo puede obtener de una organización de la que él o ella es miembro. Puede ser definido en una organización social particular, como los recursos de los otros y la disponibilidad de colocar esos recursos a disposición de los miembros de la organización.

Bajo este punto de vista los recursos de capital (físico y humano) de los otros miembros de la organización pueden ser recursos disponibles para un productor miembro de esta organización.

En un modelo esto implica que existe una interacción esperada entre los recursos de los miembros que integran una organización y la disponibilidad de movilizar esos recursos para ayudar a otros. El capital social se fundamenta en las interacciones sociales que se establecen entre los individuos dentro de una organización. En esta definición se involucra la disponibilidad para poner al servicio de los demás los

---

[5] Una organización es (siguiendo la tradición Rousseau - Simon – Sunder) un conjunto de contratos explícitos e implícitos por medio de los cuales se establecen unas obligaciones y derechos (Sunder: 2005).

[6] Bourdieu (1985) Citado en: Sunkel (2003).

[7] Flap, Henk (2004). Creation and returns of social capital. A New research program. pp. 3-23 en: Flap, Henk and Beate Völker (eds.). Creation and Returns of Social Capital. A New Research Program. London, Rutledge.

propios recursos, de tal manera que, si por ejemplo el capital humano es el recurso disponible, se accede a éste a través de las interacciones. En la investigación se analizaron los mecanismos que hacen productivos, desde el punto de vista económico, los vínculos entre los agentes.

Objetivo de la investigación

El objetivo de la investigación es establecer las características de la estructura social de los caficultores colombianos y especificar los mecanismos a través de los cuales opera el capital social. Los objetivos específicos de la investigación son:

a) Analizar teóricamente los conceptos de capital social, y de desarrollo rural y su vínculo con las unidades productivas cafeteras.
b) Caracterizar la formación del capital social asociado a los productores cafeteros.
c) Establecer el desarrollo institucional de la red **primaria** productiva cafetera desde una dimensión gremial.

Hipótesis de la Investigación

El capital social incide sobre la producción cafetera. La formación de capital social no es una condición suficiente para el éxito/fracaso económico de los agentes pues las condiciones de mercado y otras externalidades pueden conducir a su reducción o destrucción.

Metodología y descripción general de la obra.

Metodológicamente la investigación se basó en un análisis de las formas organizacionales de los caficultores a través del cual se planteó un modelo de la interacción social de los productores, de articulación como red productiva y para la formación del capital social.

En el Capítulo 2 se hace una revisión teórica de los conceptos de desarrollo territorial y rural, y de economías de aglomeración y su relación con el capital social corporativo en armonía con lo descrito por Leenders y Gabbay (2004). En el capítulo 3 se presenta una descripción de algunos indicadores sociales en la zona cafetera y se examina el vínculo entre las condiciones de relación social de la población y la formación de capital social.

En el Capítulo 4 se hace una caracterización institucional y productiva de la red primaria cafetera.

En el Capítulo 5 se desarrolla una aproximación teórica a conceptos fundamentales que involucran la organización social. Se hace, en particular, una discusión acerca de la teoría de las interacciones y relaciones sociales, así como un análisis de las concepciones teóricas acerca de las organizaciones económicas y sociales. Igualmente se revisa, según las concepciones teóricas el concepto de redes económicas. Estos conceptos son necesarios para comprender el concepto de capital social y adentrarse en los elementos que lo constituyen. Se hace una revisión teórica del concepto de capital social analizando su concepción misma como capital económico, y se revisan los principales aportes teóricos realizados respecto a este concepto. Del mismo modo, se describe una concepción teórica que modela las características de la organización cafetera colombiana. El concepto bajo la perspectiva descrita por Flap (2004) explica que al pertenecer a unas organizaciones los individuos movilizan unos recursos que ordinariamente no estarían disponibles para los otros y ello incide directamente sobre la producción.

En el capítulo 6, Se hace un análisis y medición empírica del capital social cafetero mediante una simulación computacional que da cuenta empíricamente de las relaciones entre éste concepto y la producción. A partir de la definición modelada en el Capítulo 5 se definieron unos parámetros que nutrieron un modelo de simulación computacional que simula la creación del capital social en varias iteraciones. De esta simulación se extraen resultados acerca del comportamiento de una organización como Federacafé en un contexto de mercado.

Finalmente, en el Capítulo 7 se realizan algunas conclusiones, se hace una revisión general de la obra evaluando los resultados, y aportes de la investigación en el área de la economía del desarrollo.

2. DEL DESARROLLO TERRITORIAL A LOS CONGLOMERADOS PRODUCTIVOS: LA FORMACIÓN DEL CAPITAL SOCIAL EN EL SECTOR RURAL.

En este Capítulo se hace una descripción teórica desde los conceptos más generales hasta los más particulares que involucra el desarrollo económico en el ámbito rural: desarrollo territorial, desarrollo rural, agroindustrias y conglomerados productivos. Se pretende mostrar que estos últimos constituyen formas organizacionales complejas que pueden ser una forma de capital social.

En el contexto de la globalización económica resulta interesante ver cuál es el papel que desempeñan los productores agropecuarios. Muchos de estos productores pueden estar vinculados a una economía "moderna", que por definición remite el concepto de un uso de tecnologías adecuadas que se retroalimentan para elevar de manera continua la competitividad de la producción.

De esta manera los productores se vinculan a un sistema productivo, que a su vez se vincula a un sistema de mercado que participa del conjunto de la producción global. Sin embargo, una parte de los productores que no cuenta con el capital adecuado, puede tener limitaciones en la vinculación de su producción a este proceso, o puede únicamente, abastecer el mercado interno, dadas sus condiciones productivas deficientes, restableciendo de manera continua condiciones de subsistencia.

Como lo anota Amin (1997)[8], en el proceso de mundialización por defecto de la competencia, muchas "comunidades" tradicionales, acumuladoras de capital social, pueden quedar excluidas del desarrollo por cuanto la competitividad les exige mucha tecnología de manera cada vez más intensiva que no guarda correlación con su capacidad de inversión. En este contexto Silva y Córdova[9] consideran que en América Latina se ha desarrollado un modelo de producción e industrialización dependiente en el cual se han rezagado los productores agrícolas.

Con respecto a lo planteado por Veblen (1948), quien caracteriza al agricultor como "absentee", se nota una contradicción en el modelo de acumulación de la microempresa agropecuaria (finca) en relación con la de la organización. A pesar de la facilidad para movilizarse el productor agropecuario no acumula capital social de manera directa como si se hace en una organización, por lo que difícilmente se pueden introducir innovaciones que pueden a su vez ser difundidas de manera generalizada.

---

[8] Amin, Samir Ed. (1997). Mondialisation et accumulation, Université des Nations Unies, L´Harmattan, Tokio.

[9] Silva, Héctor et Córdova, Armando. Amérique Latine: Le long cycle de la transnationalisation. En: Samin, Amir (1997).

Machado (1992)[10] plantea cómo frente a los procesos de modernización los campesinos cuentan con dos opciones: i) modernizarse convirtiéndose en pequeños empresarios si se les ofrece la oportunidad de acceder a los recursos productivos que necesitan; ii) cambiar de actividad o permanecer en sus actividades de subsistencia o infra subsistencia.

Una alternativa interesante en este contexto sería la implementación de modelos de desarrollo rural que permitieran la acumulación de capital social, el cual estimulará el crecimiento económico y social de la población. En este análisis Plaza (1991) distingue entre estilos, modelos y patrones de desarrollo así:

a) Estilo de Desarrollo: concepto enmarcado en una noción de progreso vinculada a la emergencia y aplicación de un tipo de racionalidad dirigida al manejo de fines y medios (racionalidad instrumental) al descubrimiento por medio de la ciencia, de leyes de funcionamiento sociales y naturales, y a la intervención sobre éstas mediante la técnica reforzada por el desenvolvimiento del capitalismo industrial.
b) Modelo de Desarrollo: conjunto de objetivos globales, sustentados en el estilo urbano industrial de desarrollo, expresados en una estrategia de crecimiento y de ordenamiento de la economía y la sociedad, y operativizados en un conjunto de políticas macroeconómicas, sectoriales e institucionales.
c) Patrones y resultados del proceso socioeconómico: se desenvuelve en una sociedad, dada su organización, instituciones, arreglos de derechos, exclusiones y tradiciones culturales y su grado y tipo de inserción en el sistema internacional[11].

Sen (1981) concibió el desarrollo como una expansión de las capacidades de la gente y explicó las implicaciones que esto trae consigo. Esto difiere de lo planteado en la teoría de los bienes y servicios (PNB) y de la teoría las Necesidades Básicas (NBI). Planteó que el proceso de desarrollo no consiste en extender la oferta de bienes y servicios sino las capacidades de la gente.

Como lo plantea Sen (1997)[12] "el grado de oportunidad de una persona para conseguir cosas ha de estar vinculado al conjunto de consecuciones alternativas entre las que puede elegir", lo que muestra que las oportunidades de las personas están de alguna manera determinadas por el conjunto de elección que se le

[10] Machado, Absalón (1992). El nuevo contexto para las economías campesinas. En: IICA. Desarrollo Rural y apertura económica, Bogotá.

[11] Plaza, Orlando. (1991). Economía campesina: Límites y potencialidades en el contexto de apertura y modernización, en: Machado, Absalón (Compilador). Desarrollo Rural y Apertura Económica, IICA, Bogotá, p. 102-145.

[12] Sen, Amartya. "Mercados y libertades. Logros y limitaciones del mecanismo de mercado en el fomento de las libertades individuales". En Sen, Amartya (1997). Bienestar, justicia y mercado, Paidós, p. 136.

presenta y las capacidades que este individuo tenga para hacer efectiva esa elección.

Por las condiciones socio-económicas de la región cafetera colombiana un número muy elevado de los individuos tienen los medios y oportunidades que favorecen su desarrollo y progreso continuos. Su conjunto de oportunidades es amplio y tienen las capacidades para hacer efectivas alternativas que logren satisfacer adecuadamente las necesidades que presentan. Esta no es solo una característica de la región cafetera si no de muchas otras regiones en el contexto rural colombiano en el que los modelos de desarrollo han proveído a muchos individuos el desarrollo y de reales posibilidades de ser los gestores de su propio desarrollo.

A pesar de los esfuerzos que se han hecho y de los logros que se han alcanzado a nivel local existen aún grandes diferencias entre las regiones cafeteras y otras regiones rurales del país, en donde no solo existe una brecha urbano - rural sino una brecha rural - rural pues amplias porciones del territorio presentan diferencias y serias deficiencias en términos de los logros regionales que se han alcanzado en el desarrollo socio – económico.

Desde el punto de vista de los individuos en algunas de estas regiones, gran parte de la población carece de las oportunidades y las capacidades para generar su propio desarrollo (que es al final la meta del desarrollo) rompiendo el ciclo de asistencialismo e incapacidad que caracteriza los modelos que se han puesto en ejecución.

Esta situación se puede ampliar hasta un contexto regional, en el cual es posible ver que amplias secciones del territorio carecen de una "capacidad" regional para generar los medios y los productos que satisfagan adecuadamente las necesidades de sus habitantes y permitan la acumulación de riqueza que genera el crecimiento sostenido.

Como resultado se presenta una situación de exclusión económica y social en las zonas rurales caracterizada por deficiencias en el ingreso, formación insuficiente de empleos y deficiencias en el acceso a los recursos requeridos.

Por exclusión se entiende el "proceso mediante el cual los individuos o los grupos son total o parcialmente excluidos de una participación plena en la sociedad en la que viven" y como los "obstáculos que encuentran determinadas personas para participar plenamente en la vida social, viéndose privadas de una o varias opciones, consideradas fundamentales para el desarrollo humano".[13] La exclusión implica que estos individuos no puedan participar de las posibilidades para la producción, acumulación y generación de riqueza, desde el punto de vista económico y que

---

[13] Del Campo, Gabriel (2006). Exclusión social y salud. En: http://www.aniorte-nic.net/apunt_sociolog_salud_4.htm

tengan privaciones en salud, educación y falta de participación en la realización de procesos sociales.

Desarrollo Territorial y Rural.

La Conferencia Europea de Ministros responsables de ordenación del territorio CEMAT[14] estableció desde el 2000 la unidad territorial como eje de la planificación. Esta conferencia para el efecto señaló los siguientes principios rectores:

a) Promoción de la cohesión territorial mediante desarrollo socioeconómico equilibrado y la mejora de la competitividad.
b) Fomento del desarrollo generado por las funciones urbanas y mejora de las relaciones campo ciudad
c) Promoción de accesibilidad más equilibrada
d) Desarrollo del acceso a la información y el conocimiento
e) Reducción de las agresiones al medio ambiente
f) Valoración y protección de los recursos y el patrimonio natural
g) Valoración del patrimonio cultural
h) Desarrollo de los recursos energéticos
i) Promoción de un turismo de calidad y sostenible
j) Limitación preventiva de los efectos de las catástrofes naturales.

Estos principios se deben traducir a un modelo de desarrollo local.

Machado distingue *desarrollo agrícola* (tal cual como se planteó durante los años cincuenta y sesenta) de *desarrollo rural* el cual

> "es un conjunto de esfuerzos orientados a lograr un incremento y diversificación de la producción y a elevar la productividad.... Es un concepto que puede asimilarse al de modernización sin modernidad o de transformación productiva sin cambio social e institucional."[15]

El Desarrollo Rural debe enmarcarse en las teorías de cambio social e implica un desarrollo holístico que involucra lo macro y lo micro, lo productivo y lo social, lo ambiental y lo político, así como introducir la conceptualización de género en desarrollo y el concepto de sostenibilidad y equidad.[16]

---

[14] Conferencia Europea de Ministros responsables de ordenación del territorio, CEMAT (2000). Principios Directores para el Desarrollo Territorial Sostenible del Continente Europeo Preparado por el Comité de Altos Funcionarios Hannover, 7 y 8 de septiembre.
[15] Machado, Absalón (1993). Cambio institucional para el desarrollo rural: el caso de Colombia, Bogotá, IICA.
[16] Machado (1993, p. 17).

El concepto de desarrollo rural "se entiende hoy, en un sentido amplio como un proceso de mejora del nivel de bienestar de la población rural y de la contribución que el medio rural hace de forma más general al bienestar de la población en su conjunto, ya sea urbana o rural, con su base de recursos naturales". El medio rural hace referencia a un territorio, con una población que desempeña diversas actividades en los sectores primario, secundario y de servicios de la economía. En este territorio hay actores que participan en los procesos de desarrollo, hay instituciones públicas y privadas que interactúan entre sí y hay una serie de asentamientos humanos que establecen vínculos tanto locales como regionales y globales.[17]

Los recientes cambios sociales, económicos, políticos, y ecológicos que han ocurrido en el espacio rural han definido nuevas demandas de la sociedad dando paso al surgimiento de una nueva estructura de oportunidades, la cual es percibida de manera distinta en cada uno de los países atendiendo especialmente los distintos niveles de desarrollo.[18] Este nuevo concepto de desarrollo rural ofrece oportunidades a los pequeños y medianos productores y a los grupos más vulnerables de la población rural.

Esta concepción se vincula con: a) un aumento de la producción, la productividad y la seguridad alimentaria; b) el combate de la pobreza para buscar la equidad; c) la preservación del territorio y rescate de los valores culturales para fortalecer la identidad cultural; d) la conservación de la biodiversidad y de los recursos naturales; e) el aumento de los niveles de participación para fortalecer el desarrollo democrático y la ciudadanía; y f) la mayor participación de las mujeres y los jóvenes.[19]

Como lo muestra el IICA (2002) el capital social (que incorpora una dimensión sociocultural, institucional y económica) constituye un importante elemento que sustenta las estrategias de desarrollo rural. En este contexto el IICA propone el rescate y fortalecimiento de la cultura rural, así como un claro reconocimiento de la importancia de las diversas formas de organización social, como redes y mecanismos no formales de participación.[20]

Analizar al sector agropecuario de manera aislada constituye una limitación práctica y teórica importante. Efectivamente se ha avanzado hacia una concepción más integral que considere los eslabonamientos hacia atrás y hacia adelante que tiene el sector agropecuario. En este sentido se habla del Sistema Agropecuario

---

[17] Pérez Correa, Edelmira (2002). "Lo rural y la nueva ruralidad". En: AECI, Ministerio de Agricultura y Pesca, Fodepal. Políticas, instrumentos y experiencias de Desarrollo Rural en América Latina y Europa, Madrid, 2002, p.15.
[18] IICA (2002). "El Desarrollo Rural Sostenible en el marco de la nueva lectura de la ruralidad". En: Universidad Javeriana. La Nueva Ruralidad en América Latina. Tomo I, Bogotá, 2002, p.55.
[19] IICA (2002; p. 63).
[20] IICA(2002; p.75).

Agroindustrial que se inscribe en las tendencias de cambio que ocurre a escala global[21]. Igualmente se ha abierto una discusión sobre la concepción de lo rural que gira alrededor del concepto de nueva ruralidad[22].

Como lo expresa Pérez (2002), citando a Hirshman, el desarrollo rural y local depende no tanto de la combinación óptima de recursos y factores de producción dados, como de hacer aflorar y movilizar recursos y habilidades escondidas, dispersas y mal utilizadas. Es necesario según Hirshman combinar esos elementos con la intervención de un agente capaz de unirlos. Lo determinante en un enfoque local sería, según Pérez, la influencia de la sociedad, y de determinadas características estructurales y culturales de ella sobre la economía y no al revés.[23]

En contraposición a las visiones tradicionales de desarrollo rural, este se concibe como un "proceso de mejora del nivel de bienestar de la población rural y de la contribución que el medio rural hace de forma más general al bienestar de la población en su conjunto, ya sea urbana o rural con su base de recursos naturales...El medio rural hace referencia a un territorio con una población que desempeña diversas actividades en varios sectores..."[24]

Como lo muestra Pérez (2002: 21) "la difusión de nuevos patrones de consumo y hábitos de vida, la megapolización de los sistemas urbanos, los progresos espectaculares de las comunicaciones y la creciente movilidad de la población han modificado radicalmente el patrón de organización del territorio desplazando o borrando casi por completo las fronteras entre lo rural y lo urbano. Hasta puede afirmarse, sin mucha exageración que cualquier país de Europa Occidental conforma en sí una extensa área conurbana...La vieja dicotomía entre campo y ciudad ha dejado de tener sentido."

El IICA presenta un enfoque territorial del desarrollo rural. El enfoque territorial es "esencialmente integrador de espacios, agentes, mercados y políticas públicas de intervención. Busca la integración de los territorios rurales a su interior y con el resto de la economía nacional, su revitalización y reestructuración progresiva, y la adopción de nuevas funciones y demandas. ... El enfoque territorial considera al territorio como una unidad espacial integrada a través de un tejido social, asentada sobre la base de recursos naturales, articulada por las formas de producción,

---

[21] Machado, Absalón (1994). "Estructura y estrategias del sistema agropecuario-agroindustrial", Mimeo, Bogotá.

[22] Echeverri, Rafael y Rivero (2002) María del Pilar. Nueva Ruralidad, Visión del Territorio en América Latina y El Caribe. IICA, CIDER, Bogotá, 2002.

[23] Pérez Yruela, Manuel (2002). "Los actores sociales en el desarrollo rural". En: AECI, Ministerio de Agricultura y Pesca, Fodepal. Políticas, instrumentos y experiencias de Desarrollo Rural en América Latina y Europa, Madrid, p.85-86.

[24] Pérez, Edelmira (2002) "Lo rural y la nueva ruralidad". En AECI, Ministerio de Agricultura y Pesca, Fodepal. *Políticas, Instrumentos y experiencias de Desarrollo Rural en América Latina y Europa,* Madrid.

consumo e intercambio y armonizada por sus instituciones y formas de organización."[25]

El enfoque tiene cinco implicaciones para la formulación de políticas como son: la multidimensionalidad, intertemporalidad e intergeneracionalidad, multisectorialidad, la articulación de la economía territorial y el logro de una sinergia institucional inclusiva.[26]

La multidimensionalidad se refiere a los a los componentes o las dimensiones que conforman los sistemas territoriales: i) la económica; ii) la social; iii) la ambiental; iv) la dimensión político institucional; y v) los vínculos entre las dimensiones anteriores. La dimensión social, centrada en los ejes de la diversidad y la equidad, "abarca elementos relativos al acceso adecuado a la satisfacción de necesidades básicas de los grupos humanos tanto materiales como simbólicas."[27] Esta dimensión incluye la educación y capacitación, la salud y otros servicios básicos.

La propuesta de armonización territorial y rural tiene dos propósitos: i) alcanzar la cohesión social; y b) alcanzar la cohesión territorial.[28]

Por otro lado De Ferranti et.al (2001) han puesto de presente el elevado potencial de desarrollo de los países que poseen recursos naturales como ventaja comparativa. Una valoración de ésos recursos, si se realizan aportes significativos en capital humano, conocimiento técnico e infraestructura puede conllevar avances importantes en términos del desarrollo, de generación de nuevos empleos, así como de crecimiento de las exportaciones. Estudios realizados a nivel de países desarrollados como en desarrollo, revelan la importancia del *cómo se producen los bienes (tecnología)* más que el *qué se produce* en sí mismo. Los conocimientos e innovaciones que facilitan la adopción de tecnologías se destacan como un ingrediente clave para el dinamismo de un sector basado sobre recursos naturales.[29]

Desde el punto de vista teórico se puede decir que el capital social[30] y las organizaciones rurales pueden abaratar los costos de transacción a través de:

a. distribución entre los miembros de los gastos de preparación y gestión de proyectos y gastos administrativos;
b. tramitación de créditos en grupo con la consecuente disminución de costos;

---

[25] IICA (2003). El enfoque territorial del Desarrollo Rural. San José, Febrero, p.20.
[26] Ibid.
[27] IICA (2003:24)
[28] IICA (2003:27).
[29] De Ferranti, David; Perry, Guillermo; Lederman, Daniel; Maloney, William (2001). From Natural Resources to the Knowledge Economy Trade and Job Quality. World Bank, Washington.
[30] Flores, Margarita y Rello Fernando (2002). Capital social Rural, Experiencias de México y Centroamérica, CEPAL, Plaza y Valdés Ed., México, p.23.

c. fortalecimiento de lazos de confianza con la consecuente disminución de riesgo de selección adversa;
d. eliminación de la distribución asimétrica de información.

De igual manera las organizaciones rurales desempeñan otras funciones relacionadas con la coordinación y la escala económica como son:

a. propiciar la coordinación y la cooperación entre individuos, así como una división del trabajo que favorezca la eficiencia;
b. permitir un mejor acceso a mercados de productos pues la organización supera los problemas de escala insuficiente de los pequeños productores aislados que les impide llegar al mercado;
c. mejorar el acceso a servicios y a precios más bajos gracias a la posibilidad de la compra en común;
d. sustituir (hasta cierto punto) a organizaciones gubernamentales en el suministro de servicios que antes eran responsabilidad de estas.[31]

A nivel nacional y particularmente en el sector agropecuario colombiano se carece de organizaciones e instituciones[32] que actúen para alinear las estructuras de gobernabilidad y las transacciones y que puedan permitir una óptima distribución y empleo de los recursos a nivel micro.

En términos generales se puede concebir la actividad comercial entre los países, más aún en el conjunto de acuerdos multilaterales como una red de actividades e intercambio comercial entre empresas (nodos). La visión de *red*[33] permite pensar en la necesidad de establecer canales de comunicación entre las empresas a partir de la formación de elementos compatibles entre ellos basados en la estandarización de normas de calidad, procesos tecnológicos e información. Sobre estos elementos se constituyen flujos de información y de bienes y servicios que reducen las asimetrías entre los agentes y los nodos, con el resultado deseado de un incremento en las exportaciones ajustadas a los nuevos requerimientos del mercado.

Bajo este enfoque, los acuerdos comerciales son un entorno para la conformación de redes de intercambio comercial multilateral entre Colombia y los países desarrollados. Es imprescindible mantener los exportadores actuales y sus flujos de comercio y ampliar la red a nuevos productores integrados asegurando su

---

[31] Flores y Rello, 2002, p. 25.

[32] A este respecto ver la clasificación que hace de las instituciones Williamson, Oliver. "The New Institutional Economics: Taking stock, looking ahead" en *Journal of Economic Literature*, Vol. XXXVIII (Sept. 2000) pp. 597-600.

[33] A este respecto ver: Economides, Nicholas (1994). "The Economics of Networks", EARIE, Conference, Chania, Greece. Adicionalmente sobre el tema de economía de redes puede verse: Varian, Hal R. Economics of Information Technology, University of California, Berkeley, Julio 2001. Revisado 3/2003.

participación en la red. Ello sin embargo puede significar el surgimiento de costos adicionales (switching cost o costos de conmutación) que les permitan a los nodos compatibilizar a través de procesos estandarizados. Estas redes se constituyen a través de la formación de complejas organizaciones y aglomeraciones económicas.

Agroindustrias y economías de aglomeración.

Cómo lo señala Machado (2002) teóricamente hay diferencias entre el concepto *sistema agroindustrial*, SAI, [que abarca toda la producción del subsector primario agropecuario (agrícola, pecuario, pesquero y forestal) y todo el aparato industrial que transforma y procesa sus materias primas, sean alimentos o no] y el *sistema agroalimentario*, SAG (que se refiere a los productos agropecuarios que van a la alimentación humana, incluyendo aquellos que llegan indirectamente a ella como los piensos y granos para la alimentación animal que luego se convierten en alimentos para los humanos). En términos generales se puede decir que el sistema agroalimentario, SAG es un subconjunto del sistema agroindustrial SAI.[34]

El Sistema Agroindustrial es "el conjunto de relaciones y procesos en que se involucran los productores agropecuarios y sus agentes económicos y sociales en el recorrido de sus productos desde la producción primaria, hasta el consumidor final, incluyendo las relaciones de la agricultura con los proveedores de insumos, maquinaria, semillas, tecnología, servicios e información"[35].

Según Machado y Torres (1991), la agroindustria (AI) es un sector de la industria de una región, que integra los procesos productivos agrícolas e industriales, para producir alimentos o materias primas destinados al mercado, dentro de los términos de operaciones rentables. En estos procesos puede haber: i) integración horizontal (para hacer más eficiente algún subproceso o eslabonamiento); o b) integración vertical (control al suministro, producción, transformación, comercialización).[36]

En la literatura se da cuenta del fenómeno de la industrialización de la agricultura (cuyos orígenes se ubican en el *agribusiness* y la economía agroalimentaria), que consiste en la aplicación de estrategias, planes y técnicas características de los procesos industriales a las distintas etapas de la cadena agroalimentaria (desde la producción primaria hasta el consumidor) dando especial importancia a los aspectos de generación de valor y contribuyendo al proceso de integración de productores con consumidores[37]. De la industrialización de la agricultura surge una

---

[34] Machado, Absalón. (2002). *De la estructura agraria al sistema agroindustrial*, Bogotá: Universidad Nacional de Colombia, p. 211-214.

[35] Machado, 2002, p.217.

[36] Machado, Absalón y Torres, Jorge. (1991). *El sistema Agroalimentario*, CEGA, Bogotá: Siglo XXI, Cap. IX.

[37] Otero, Manuel; Hilarios, Fernando. (2002). La industrialización de la agricultura. Citado en: Machado(2002), p. 214.

visión sistemática que conduce a la generación de valor producida con altos niveles de calidad haciendo uso intensivo de tecnología y factores en beneficio de los productores individuales.

El sistema agroindustrial tiene tres fases de desarrollo: i) una fase agraria donde la participación del valor agregado en la agricultura es predominante y supera al generado por fuera de ella; b) una fase de transición en que compiten los sectores urbano, industrial agropecuario por la generación de valor agregado en el sistema; y, c) una fase propiamente industrial en que el sector transformador de materias primas, agropecuarias y de servicios superan la generación de valor agregado originado en el sector primario de la agricultura.[38]

Desde el concepto de SAI se puede llegar hasta el concepto de cadena agroindustrial, como concepto operativo de nivel meso económico que permite ver la trayectoria de un producto hacia el mercado. Se define una cadena agroindustrial como los flujos continuos y discontinuos de productos, procesos y agregación de valores que siguen los productos primarios hasta llegar al consumidor final. En la cadena se incluyen las articulaciones de la agricultura hacia atrás con la producción de insumos, semillas, maquinaria y equipos para la agricultura. Las cadenas son un sistema de procesos de producción y trabajo que resultan en un producto determinado.[39]

Las cadenas agroindustriales pueden ser completas (desde la provisión de insumos hasta el consumidor final) o incompletas (cuando articulan sólo algunos eslabones o segmentos del sistema). Éstas se componen de tres segmentos (articulados o no), según el grado de desarrollo del sistema: i) producción y suministro de insumos a la agricultura; ii) segmento agroindustrial y iii) distribución minorista de los bienes finales.[40]

En general las actividades agroindustriales en el marco de un SAI, son un potente mecanismo dinamizador de la economía de las regiones en desarrollo, por su papel de generadora de valor agregado al procesar los bienes no manufacturados, por su capacidad de transferir tecnología hacia el sector agropecuario y por ser agentes equidistributivos del ingreso (por el desarrollo de las economías campesinas y por el incremento en el abastecimiento alimentario). Pueden crear empleo a un menor costo que otros sectores industriales, logrando desarrollar áreas donde no se podría llevar a cabo ninguna otra actividad industrial por su dependencia de la producción rural.

Hablando de la competitividad y la agregación de empresas Porter (1991) planteó que las empresas están condicionadas a actuar de acuerdo con la estructura del

---

[38] Machado (2002).
[39] Machado (2002: .237).
[40] Machado (2002:237).

sector al cual pertenecen para lograr posicionarse en el mercado. Este posicionamiento depende tanto de las empresas como del entorno en el cual realizan su actividad económica. La creación de ventajas competitivas se puede obtener por costo inferior (más eficiencia) o diferenciación (valor superior por calidad) del producto. Se debe buscar alcanzar *alguna* de estas dos ventajas competitivas, pues es difícil tener *ambas* a la vez.

El camino para la creación de las ventajas es la *innovación.* Las continuas innovaciones constituyen el procedimiento por medio del cual se pueden llegar a conquistar las ventajas que mejoran la competitividad de una industria determinada en una región determinada; sin embargo, las innovaciones no son fáciles de alcanzar, pues requieren de inversiones y recursos que les confieran ventajas a las empresas frente a la competencia.

Porter igualmente menciona que las ventajas competitivas para una determinada industria o sector en una nación o región, están determinadas también por las cualidades de los sectores conexos y de apoyo, en cuanto a eficiencia y calidad de los bienes y servicios que proporcionan. De esta forma, a un sector con ventaja nacional, se vinculan sectores proveedores y conexos en los que se fundamenta su éxito y la ventaja competitiva.

Como Porter lo plantea el éxito competitivo está asociado a la capacidad para desarrollar una sólida identidad o personalidad empresarial, que surge de la correspondencia entre los principios y fundamentos de organización y gestión y el medio institucional en el que actúan las empresas. Al existir una relación sistémica entre esos sectores con ventajas se crean *agrupamientos* de sectores competitivos, que están vinculados por medio de relaciones verticales (comprador/proveedor), u horizontales (clientes, tecnologías). Los determinantes de las ventajas generan esos agrupamientos, pues existe la necesidad de reforzar todos los ámbitos en los que está inmiscuido un sector y su capacidad dinámica se reparte por entre todas las actividades con las que se relaciona.

En el interior de los agrupamientos surge un intercambio de información respecto a las necesidades, técnicas y tecnología entre compradores, proveedores y sectores conexos. Este intercambio puede ocurrir aún si existe una amplia rivalidad en cada sector por separado, pues sobre él actúan diversos fenómenos que hacen que se refuercen los beneficios de esta transmisión de la información. De esta manera aparece la rivalidad y la competencia como un vehículo muy eficaz de cambio, pues permanentemente está llevando a las empresas hacia la innovación y hacia el perfeccionamiento de sus técnicas.

Como lo presenta Machado los clústeres tienen una serie de ventajas que los hacen atractivos como instrumentos de desarrollo regional:

a) Son una poderosa herramienta para conocer el apoyo que requiere el sistema de valor y muestran la orientación y énfasis que debe darse a las actividades empresariales;
b) Conducen a la especialización aprovechando las señales de mercado y las posibilidades que existen en el comercio internacional;
c) Ayudan a regionalizar la política industrial y tecnológica del país en función de las potencialidades de cada región;
d) Crean mercados más eficientes y de menores costos transaccionales para todos los participantes del clúster, y dinamizan la productividad;
e) Robustecen el portafolio exportador y lo hacen menos vulnerable a la comoditización y, por tanto, a los bajos precios y sus fluctuaciones;
f) Son centros de innovación por la rivalidad entre competidores y los sistemas que cooperación que se generan en ellos;
g) Permiten superar los enfoques sectorialistas de las políticas al acentuar la relación entre los recursos, y el interés se centra en intensificar el uso del conocimiento y en mejorar la interacción constructiva entre las diferentes partes de la red;
h) Permiten identificar nuevos espacios para la creación de nuevas oportunidades de empleo;
i) Pueden orientar aspectos de industrialización rural y contribuir a consolidar ejes geoeconómicos;
j) Facilitan el aprovechamiento de externalidades generadas a su interior por parte de las diferentes empresas.[41]

Blunck (2003) muestra que para describir aglomeraciones geográficas de empresas en una industria o industrias relacionadas se usan de manera indistinta varios conceptos diferentes. El concepto de Clúster Industrial[42] de Porter es un conjunto de industrias de la relación comprador -vendedor y vendedor- comprador o por tecnologías comunes, tecnologías comunes compradores comunes o canales de distribución o colectivos comunes de trabajo.

Por otro lado el clúster regional planteado por Enright (1992), es un clúster industrial en el cual las empresas vinculadas se encuentran en proximidad geográfica estrecha una a la otra. Los clústeres regionales son aglomeraciones geográficas de empresas de la misma industria o de empresas relacionadas.[43] Estos últimos, incluyen distritos industriales de pequeñas y medianas empresas, concentraciones de empresas de alta tecnología relacionadas con el desarrollo y uso de tecnologías comunes y la producción de sistemas que contienen grandes empresas centrales y sus proveedores locales.

---

[41] Machado (2002) p. 241 de Echeverri y Pulgarín (1999).
[42] Porter, Michael. (1998). Ser Competitivo. Nuevas Aportaciones y Conclusiones. Bilbao: Editorial Deusto.
[43] Como lo muestra Blunck estos conceptos además difieren de los de Distrito Industrial y Red de Negocios.

Según Porter (1998) un clúster es un *grupo geográficamente próximo de empresas e instituciones asociadas, interconectadas en un campo productivo específico, vinculadas por elementos comunes y complementariedades.* El objetivo geográfico de un clúster puede abarcar desde una ciudad o un estado, hasta un país o aún una red de países vecinos.[44] Los clúster determinan la realización de actividades a nivel de las empresas que se correlacionan en un espacio territorial geográfico, lo que redunda en beneficio de la competitividad de las firmas y del espacio global que estas ocupan.

Con base en diferentes iniciativas de clúster en el mundo, Solvell, Lindquist y Ketels (2003)[45] proponen una metodología basada en cómo se puede apoyar el aumento de la competitividad y productividad de un clúster, en diferentes estados de maduración.

De esta manera, una *Iniciativa de clúster* se define como un conjunto de esfuerzos organizados para incrementar el crecimiento y competitividad de clústeres dentro de una región, involucrando las firmas del clúster, al gobierno y/o la comunidad científica. El análisis de la experiencia internacional ha derivado los siguientes principios de Iniciativas de Clústeres (Ketels, Lindqvist y Solvell, 2003): las empresas individuales no pueden lograr ser competitivas y mantenerse competitivas a lo largo del tiempo por sí solas en un mercado global; la proximidad geográfica es importante, especialmente en una economía que es cada vez más global. Las iniciativas para la competitividad deben concentrarse en construir conexiones y relaciones entre empresas e instituciones que han actuado tradicionalmente en forma aislada; construir estas conexiones demanda cambios fundamentales en el pensamiento y comportamiento, y que claramente no son fácilmente de alcanzar; un proceso de planeación estratégica participativo es el punto de partida.

En Colombia sin embargo desde la década de 1990 se promovió un modelo de cadenas productivas para promover la competitividad y el desarrollo de cada subsector específico. Para Lorente[46] la economía semi - cerrada, desarrollada antes de los años 90, diseñó mecanismos de protección para mantener la producción lo cual implicó el diseño de intervenciones por producto que congelaron la forma de producción y la tecnología. Para apoyar la estrategia de internacionalización de la economía desde 1994 se han implementado los Acuerdos Sectoriales de Competitividad en el sector agropecuario. Lorente[47] sin embargo muestra como el modelo de cadena y los acuerdos de competitividad que conlleva, aunque

---

[44] Porter, Michael (1998:199).

[45] Solvell, Orjan; Lindquist, Goran y Ketels, Christian. (2003). The Cluster Initiative Greenbook. Stocklhom: Bromma Trick AB.

[46] Lorente, Luis. (2003) ¿Está agotado el modelo de cadenas productivas? CEGA, Septiembre 1. En: Germán Duque, Vida Agrícola, Cámara de Protección de Cultivos – ANDI.

[47] Lorente (2003).

representa un avance frente al conflicto entre proveedores de insumos y transformadores, no puede resolver este conflicto, toda vez que las pérdidas de unos puedan ser fuente de beneficio para otros.

En este ambiente, de segmentación de política, según Lorente (2003), surgen los gremios como interlocutores del Estado, con funciones de representación de intereses por producto. Según este autor la estrategia de cadenas por su naturaleza, permanece centrada en resolver dificultades de la estructura de producción vigente, segmentada por productos. Según este autor la visión de cadena debe evolucionar de instrumento para la solución de conflictos hacia la construcción de proyectos-región, basados en las ventajas comparativas y con claro propósito de desarrollo territorial.[48]

Las cadenas aunque ayudan a entender dependencia mutua de productores, no pueden negociar los contratos entre agentes, por lo cual se requiere encontrar formas de integración vertical que eliminen la ineficiencia del conflicto, pues las empresas compiten en el mercado y necesitan buscar esquemas de asociación que compartan riesgos y beneficios.[49] El desarrollo final de cadenas debe ser la creación de empresas con agentes que participen en un negocio común, de riesgo y beneficios compartidos con reglas de juego claras, simétricas y sustentadas en acuerdos contractuales de largo plazo. Casi todas las cadenas excluyen actores importantes. La segmentación por producto crea enfrentamientos superables. La organización de los productores en unidades de tamaño empresarial podría eliminar el problema de competitividad. Se requiere para ello crear asociaciones apoyándolas con crédito y tecnología.[50]

El interés en este tema de la asociatividad empresarial ha estimulado la creación de una amplia área temática que se conoce como *corporate social capital.* Bajo esta designación Leenders y Gabbay (2004) sugieren que las

> "organizations themselves are actors embedded in social structure and that they enjoy the benefits and suffer from the obstacles that this social structure brings. Accentuating their focus on social capital in and of organizations, rather than on only studying social capital of the individuals within an organization, they employ the term corporate social capital, defined as *the set of resources, tangible or virtual, that accrue to a corporate player through the player's social relationships, facilitating the attainment of goals,* with 'corporate players' referring to organizations and their members. When social structure benefits corporate players in the attainment of their goals, social structure is said to convey 'corporate social capital,' when it obstructs them it brings 'corporate social liability."

48 Ibíd.
49 Ibíd.
50 Ibíd.

"Johnson, Suárez y Lundy encuentran que el capital social –medido como el número de relaciones- en organizaciones del sector agroindustrial en Colombia contribuye de forma significativa y positiva al desempeño económico de las compañías al proporcionar acceso a la información, reducir el costo de los seguimientos de actividades mediante la confianza y apoyar la acción colectiva. Además, el retorno del capital social en una agroempresa rural es mayor que el correspondiente al capital físico, al capital humano o a la mano de obra cuando las firmas emplean las relaciones sociales para alcanzar objetivos económicos." (citado en Polanía 2005).

Galán y Castro (2004) resaltan la "importancia que las relaciones organizativas tienen en la generación de ventaja competitiva y de valor para las empresas genera la necesidad de que estas relaciones posean unas características que deriven de su capacidad para generar capital social. Entre estas características se puede encontrar la confianza, la reputación y la habilidad para utilizar los recursos que están disponibles a través de esas relaciones. La competencia futura ya no será entre empresas individuales sino entre grupos de empresas cuyas redes sociales pueden determinar su posición competitiva en los mercados mundiales."

Como se presentó en éste capítulo existen formas organizacionales complejas para el desarrollo territorial y del sistema agroindustrial como un todo. Estas formas organizacionales promueven la competitividad y eliminan la captación de rentas individuales por parte de ciertos agentes que limitan el desarrollo subsectorial y regional. Estas formas organizacionales promueven la integración entre los agentes y la formación del capital social corporativo u organizacional.

3. INFRAESTRUCTURA SOCIAL Y CAPITAL SOCIAL.

El objetivo del presente capítulo es realizar una descripción de algunos indicadores sociales en las zonas cafeteras con el fin de evaluar las posibilidades de creación del capital social en el medio rural. Con este fin se revisarán algunas estadísticas sobre educación y calidad de vida. El supuesto que prevalece de acuerdo con Flap (2004) es que en la medida que un agente tenga recursos y capacidades puede poner a disposición de los demás o de una organización sus recursos personales.

Rivera (2000) a partir de Sen menciona que los derechos sociales

> "son aquellos que resultan de reglas de decisión adoptadas por la sociedad para mejorar la dotación inicial y expandir los derechos de todos los ciudadanos. Los derechos sociales establecen un sistema de dominio que va más allá de la operación de las fuerzas del mercado."

Rivera a su vez menciona que los derechos sociales conllevan el reconocimiento de los bienes meritorios, entendidos como "aquellos bienes que los seres humanos merecen en razón de su existencia como tales. Los bienes de mérito tienen por tanto un carácter universal."[51]

De acuerdo a las reglas de decisión adoptadas por la sociedad colombiana se establecen como bienes de mérito susceptibles de ser atendidos por la política social, la alimentación la salud, la educación y la vivienda. La vivienda incluye los servicios complementarios.[52]

La alimentación es un bien cuyo dominio y su capacidad concomitante de estar bien nutrido requiere de una acción del estado pues la cantidad global de alimentos nunca es compartida de manera equitativa por toda la población, ni su disponibilidad es absoluta. Por otro lado la salud no es sólo ausencia de enfermedad si no que es un concepto dinámico que incluye el bienestar individual, la salud pública y la satisfacción de las necesidades básicas. Como lo menciona Rivera (2000:15) según la OMS la salud es un bien que está en función de la promoción, educación, prevención, curación, rehabilitación, oportunidad, calidad, descentralización, equidad de acceso y uso, y la participación de los ciudadanos en el cuidado de la salud.

> "La salud se caracteriza por su interrelación con otros bienes y servicios asociados a la provisión adecuada de alimentos, y a los sistemas de saneamiento ambiental, abastecimiento de agua, eliminación y tratamiento de residuos, vigilancia sanitaria y epidemiológica, prevención y mejora de la salud

---

[51] Rivera, Magdalena (2000). *Del recorrido de las mercancías a las capacidades básicas: evaluación de la política social, una propuesta.* Tesis maestría, UNAL, Bogotá.
[52] Ibid.

mental y laboral, control y prevención de riesgos en los productos alimenticios, farmacéuticos y terapéuticos, entre otros."[53]

El Acceso a recursos de infraestructura social

En 1997 Wiesner (1997: 25) señalaba como "...las instituciones sociales son las más débiles del sector público colombiano." A este respecto se planteaba que el país no ha desarrollado la "tecnología institucional", en contraste con otros sectores como los de infraestructura, para cumplir con éxito programas típicamente sociales. Esto es especialmente cierto en el sector rural. Esta tecnología, según Wiesner, depende de factores y restricciones políticas, administrativas, gerenciales y de información, los cuales no son abundantes en el sector público.[54] Haciendo referencia al sector educativo, este autor menciona[55] cómo lo que tiende a prevalecer son los intereses de quienes se benefician del mayor gasto público y no los de quienes se suponen consumen los servicios prestados.

Esta situación explica que, a pesar de los grandes esfuerzos y presupuestos asignados en la reducción de las deficiencias de los servicios de infraestructura social, aún hoy existen grandes deficiencias a nivel de la población, deficiencias que inciden negativamente en el proceso de formación de capacidades de las personas con las cuales puedan competir en los mercados laborales y en el sector productivo generando riqueza y apalancando con su progreso el mejoramiento de los sectores de servicios de educación, salud y otros en el contexto rural.

Según May (1996) los programas de desarrollo rural productivo, (aunque bien concebidos según él), son deficientes en cuanto a la reducción de la pobreza, pues no han atendido eficazmente a los segmentos de la sociedad que se encuentran marginados económica, social o geográficamente. Con la descentralización estos grupos se ven expuestos a un mayor grado de marginalización. La descentralización en la asignación de recursos hace necesario establecer instrumentos que profundicen dicho proceso, al tiempo que se consiga una mayor focalización de las acciones y los recursos; un ejemplo de este tipo de instrumentos son los incentivos con mayores porcentajes de cofinanciación a los municipios más pobres. Igualmente plantea que los pobres deben de participar en la planificación local.[56]

Así mismo, May (1996: 176) planteaba cómo para imprimirle mayor especificidad a las políticas en Colombia que buscan erradicar la pobreza se debería: i) establecer un piso razonable de servicios para que toda persona pobre reciba iguales servicios;

---

53 Rivera (2000:15).

54 Wiesner, Eduardo (1997). *La efectividad de las Políticas Públicas en Colombia*. Bogotá, TM Editores, DNP.

55 Ibíd.

56 May, Ernesto (1996). *La pobreza en Colombia*, Bogotá, TM Editores-Banco Mundial.

y ii) tener en cuenta las diferencias regionales y entre los gobiernos locales en cuanto a sus capacidades.

Para el efecto hace las siguientes recomendaciones: a) en equidad interpersonal: establecer protocolos de datos y normas para el registro y medición a nivel local; ampliar la capacidad local en materia de extensión y seguimiento; b) en equidad interregional: fijar las tasas de financiación de los fondos sociales en función de la capacidad regional de prestación de servicios; ajustar los desembolsos de los programas rurales para que haya equidad en el gasto.

May señala, además, que los esquemas de competencia en la asignación del gasto aunque premian la eficiencia, castigan a los municipios más pobres, pues estos tienen una menor capacidad de atender las necesidades de sus habitantes[57] y de buscar fuentes de financiamiento alternas que le permitan solucionar sus problemas de pobreza.

Acceso a educación y la evolución del Índice de Calidad de Vida.

El Cuadro 1 y la Gráfica 1 presentan los años promedio de educación para población de 15 años y más a nivel nacional y departamentos cafeteros entre el 2001 y el 2005 para el resto de la población. Como se puede apreciar, 9 departamentos cafeteros[58] presentan valores promedio por debajo de la media nacional. La educación es un factor muy importante para el desarrollo de las actividades productivas especialmente para la implementación de programas de asistencia y transferencia de tecnología.

[57] May (1996: 177).
[58] Se toman los departamentos cafeteros de acuerdo a la clasificación DNP-FNR.

Cuadro 1

Años promedio de educación para población de 15 años y más por zona Nacional y Departamentos Cafeteros 2001-2005

Departamentos	2001	2002	2003	2004	2005	Tasa crecimiento
	Resto					
Antioquia	4,9	5,6	5,3	4,7	4,5	-8,2%
Caldas	4,5	5,8	5,0	4,6	4,8	6,7%
Cauca	4,5	4,3	4,9	4,8	5,2	15,6%
Cesar	4,1	3,9	3,7	4,2	4,2	2,4%
Cundinamarca	5,2	5,8	5,7	5,2	5,7	9,6%
Huila	4,6	5,0	5,3	4,7	4,8	4,3%
Magdalena	5,0	5,2	5,1	4,6	4,4	-12,0%
Nariño	4,1	4,0	4,0	4,7	4,5	9,8%
N. Santander	3,8	3,5	3,8	3,9	3,8	0,0%
Quindío	4,3	5,5	5,7	5,1	5,6	30,2%
Risaralda	5,0	5,8	5,4	4,7	5,2	4,0%
Santander	4,2	4,3	4,1	4,2	4,5	7,1%
Tolima	4,3	3,9	4,5	4,2	4,5	4,7%
Valle	5,7	5,6	6,1	5,5	5,3	-7,0%
Total	4,5	4,7	4,9	5,1	5,0	11,1%

Fuente: Cálculos SE-DDS-DNP con base en ECH-DANE. Total anual.

El desarrollo social hasta ahora alcanzado en el sector rural es inequitativo, pues claramente favorece a las zonas urbanas del país, lo que limita la capacidad de los ciudadanos para promover su propio desarrollo.

Gráfica 1.

Años Promedio de Educación para población de 15 años o más nacional y departamentos cafeteros. Resto. 2001-2005.

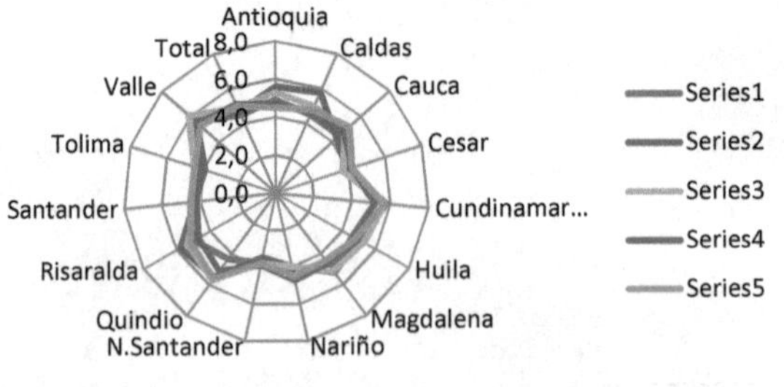

Fuente: Elaborado por el autor.

El Cuadro 2 y la Gráfica 2 muestran el Índice de Condiciones de Vida Nacional y por Departamentos Cafeteros entre 2002 y 2005. Para el 2005, 10 departamentos cafeteros estaban por debajo del valor del ICV a nivel nacional. Durante el período 2002-2005, departamentos como Norte de Santander, Quindío, Magdalena y Cauca muestran un crecimiento positivo del Índice de Calidad de Vida.

Cuadro 2

Índice de Condiciones de vida. Nacional y Departamentos Cafeteros. 2002-2005

Departamentos	**2002**	**2003**	**2004**	**2005**	**Diferencia 2005-2002**	**Comparación con promedio Nal. 2005**
Antioquia	81,3	80,7	81,7	81,4	0,1	2,6
Boyacá	70,2	73	70,7	70,2	0	-8,6
Caldas	78,6	78,3	78,4	78,7	0,1	-0,1
Cauca	69,8	69,6	71	72	2,2	-6,8
Cesar	70,8	65,8	71,8	69,4	-1,4	-9,4
Huila	72,2	73,4	74,3	73,1	0,9	-5,7
La Guajira	68,3	67,6	71,7	69,8	1,5	-9
Magdalena	69,5	68,6	69,5	71,9	2,4	-6,9
N. Santander	69,9	73,4	76,2	75,4	5,5	-3,4
Nariño	67,3	66,2	69,4	69,3	2	-9,5
Quindío	77,1	80,4	78,3	81,2	4,1	2,4
Risaralda	78,8	79,5	79,1	80,7	1,9	1,9
Santander	79,2	78,1	79,1	78,8	-0,4	0
Tolima	73	73,9	75,3	74,3	1,3	-4,5
Valle	82	82,6	83,7	83	1	4,2
Nacional	77,4	77,5	78,8	78,8	1,4	0
Media Departamentos Cafeteros	74,4	74,4	75,4	75,5		

Fuente: SISDE Boletín 37.

Gráfica 2.

Fuente: Elaborado por el autor.

El Cuadro 3 y las Gráficas 3, 4, 5 y 6 muestran el IDH por componentes Nacional y por Departamentos Cafeteros. 2001-2005. Como se puede apreciar en el cuadro, varios departamentos cafeteros tienen componentes del IDH por debajo del total nacional, tanto en el caso del Indice de logro educativo, PIB ajustado e IDH.

Cuadro 3 IDH por componentes Nacional y Departamentos Cafeteros 2001-2005.

Departamentos	Índice de logro Educativo					Índice de Esperanza de Vida					Índice de PIB ajustado					IDH				
	2001	2002	2003	2004	2005	2001	2002	2003	2004	2005	2001	2002	2003	2004	2005	2001	2002	2003	2004	2005
Total	0,84	0,84	0,85	0,85	0,86	0,78	0,79	0,79	0,79	0,8	0,69	0,67	0,7	0,72	0,7	0,77	0,77	0,78	0,79	0,78
Antioquia	0,85	0,85	0,86	0,84	0,85	0,75	0,76	0,78	0,78	0,79	0,71	0,7	0,72	0,74	0,73	0,77	0,77	0,79	0,79	0,79
Boyacá	0,82	0,87	0,87	0,83	0,84	0,76	0,76	0,77	0,77	0,77	0,64	0,62	0,65	0,68	0,67	0,74	0,75	0,76	0,76	0,76
Caldas	0,83	0,84	0,85	0,84	0,85	0,77	0,77	0,78	0,79	0,79	0,65	0,64	0,66	0,7	0,68	0,75	0,75	0,77	0,78	0,77
Cauca	0,84	0,84	0,84	0,8	0,83	0,74	0,75	0,75	0,75	0,75	0,56	0,54	0,57	0,62	0,61	0,71	0,71	0,72	0,73	0,73
Cesar	0,78	0,8	0,77	0,8	0,82	0,76	0,77	0,78	0,78	0,79	0,63	0,61	0,63	0,68	0,67	0,72	0,73	0,73	0,75	0,76
Cundinamarca	0,85	0,84	0,87	0,85	0,87	0,77	0,78	0,78	0,78	0,78	0,69	0,67	0,7	0,73	0,7	0,77	0,76	0,78	0,79	0,79
Huila	0,81	0,83	0,85	0,85	0,85	0,77	0,78	0,79	0,79	0,79	0,64	0,62	0,65	0,69	0,67	0,74	0,74	0,76	0,78	0,77
La Guajira	0,79	0,78	0,78	0,82	0,81	0,8	0,8	0,81	0,81	0,82	0,69	0,67	0,7	0,7	0,71	0,76	0,75	0,76	0,78	0,78
Magdalena	0,81	0,79	0,81	0,83	0,82	0,79	0,8	0,8	0,8	0,8	0,59	0,57	0,6	0,61	0,59	0,73	0,72	0,74	0,75	0,74
Nariño	0,82	0,81	0,81	0,82	0,83	0,75	0,75	0,76	0,76	0,76	0,55	0,53	0,56	0,6	0,58	0,71	0,7	0,71	0,73	0,72
N. Santander	0,82	0,8	0,81	0,83	0,83	0,76	0,77	0,77	0,77	0,78	0,59	0,57	0,6	0,63	0,6	0,72	0,71	0,73	0,75	0,74
Quindío	0,79	0,82	0,85	0,86	0,88	0,75	0,76	0,77	0,78	0,78	0,65	0,63	0,66	0,66	0,63	0,73	0,74	0,76	0,77	0,76
Risaralda	0,84	0,83	0,84	0,85	0,86	0,78	0,78	0,8	0,8	0,81	0,66	0,64	0,66	0,67	0,65	0,76	0,75	0,77	0,77	0,77
Santander	0,84	0,86	0,84	0,84	0,86	0,78	0,78	0,79	0,79	0,79	0,72	0,7	0,73	0,76	0,74	0,78	0,78	0,79	0,8	0,8
Tolima	0,81	0,82	0,84	0,82	0,84	0,76	0,77	0,78	0,78	0,78	0,68	0,67	0,7	0,7	0,67	0,75	0,75	0,77	0,77	0,76
Valle	0,87	0,86	0,88	0,87	0,87	0,77	0,78	0,79	0,79	0,79	0,72	0,7	0,73	0,74	0,72	0,79	0,78	0,8	0,8	0,79

Fuente: SISDE Boletín 37.

Gráfica 3.

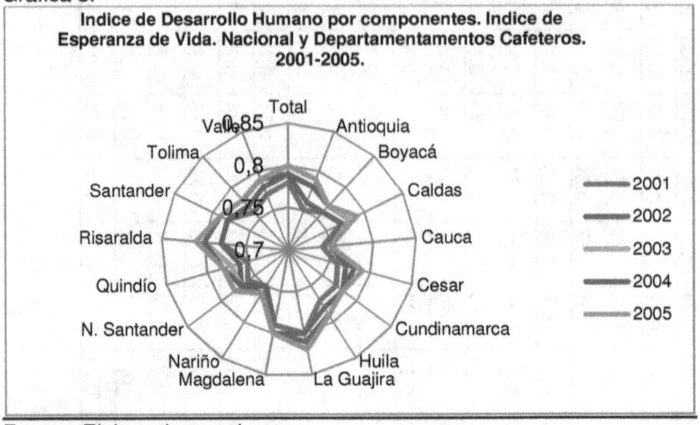

Fuente: Elaborado por el autor.

Gráfica 4.

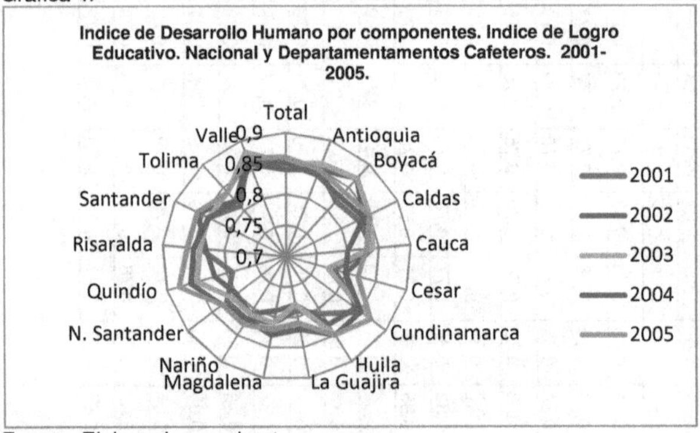

Fuente: Elaborado por el autor.

Gráfica 5.

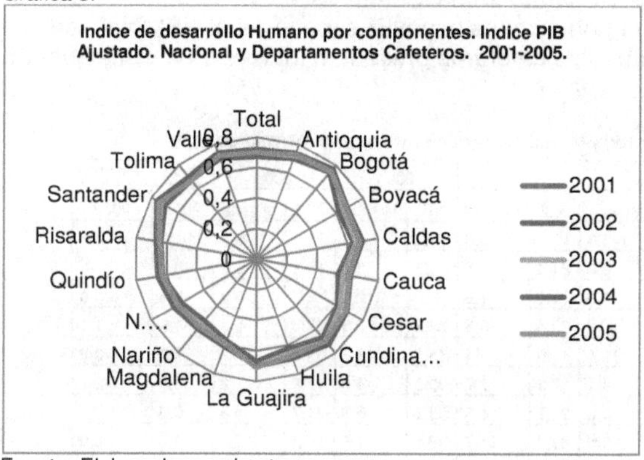

Indice de desarrollo Humano por componentes. Indice PIB Ajustado. Nacional y Departamentos Cafeteros. 2001-2005.

Fuente: Elaborado por el autor.

Gráfica 6.

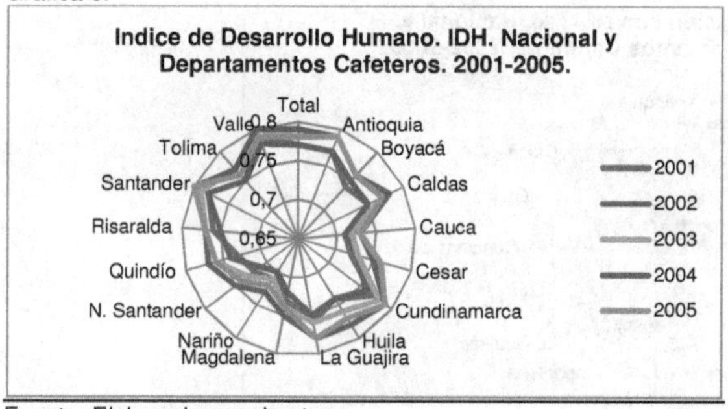

Indice de Desarrollo Humano. IDH. Nacional y Departamentos Cafeteros. 2001-2005.

Fuente: Elaborado por el autor.

El Cuadro 4 y las Gráficas 7 y 8 muestran la Población con NBI y Miseria (%) a nivel Nacional y en los Departamentos Cafeteros en 2002 y 2005. 8 departamentos cafeteros muestran poblaciones con NBI superiores al NBI total nacional. De igual manera 7 departamentos cafeteros presentan índices de miseria superiores al total nacional.

Cuadro 4. Población con NBI y Miseria (%) Nacional y Departamental (2002-2005).

Departamentos	2002		2003		2004		2005		NBI 2005-2002	Miseria 2005-2002
	NBI	Miseria	NBI	Miseria	NBI	Miseria	NBI	Miseria		
Antioquia	18,4	5,3	19,1	5,6	18,2	5,3	17,1	5,4	-1,3	0,1
Boyacá	27,5	8,9	24,4	5	27	6,4	19,3	3,9	-8,2	-5
Caldas	13,4	2,9	14,5	1,6	16,5	2,5	13,7	2,9	0,3	0
Cauca	27,9	7	29,6	8,5	28,2	6	23,3	5,9	-4,6	-1,1
Cesar	34,8	12,4	41,6	14	35,2	11,8	35,7	12,2	0,9	-0,2
Cundinamarca	23,6	4,1	17,2	3,7	20,5	4,3	17,8	2	-5,8	-2,1
Huila	31,6	9,3	23,7	4,3	23,3	6,3	21,7	5,8	-9,9	-3,5
La Guajira	43,4	16,8	49,7	21,7	32,1	11,8	37,5	15,9	-5,9	-0,9
Magdalena	33,7	14,4	34,6	13,1	39,6	14,4	30,6	10,5	-3,1	-3,9
Nariño	29,4	7,3	33,1	9,1	27,7	7,1	28,7	8,3	-0,7	1
N. Santander	26	8,6	23,5	6,2	23,9	6,3	22,8	5,9	-3,2	-2,7
Quindío	19,5	4,1	14,5	4,2	17,8	2,7	11,8	1,8	-7,7	-2,3
Risaralda	15,3	2,1	16,1	3,2	16,8	2,8	13,2	2,5	-2,1	0,4
Santander	16,5	3,3	15,3	3	12,7	2,1	13,2	2,5	-3,3	-0,8
Tolima	23,2	6,2	21,1	5,2	24	6,3	22,5	5,9	-0,7	-0,3
Valle	14,5	2,8	14	2,7	13	2,3	12,6	2,8	-1,9	0
Total	22,3	6,3	22	6,3	21,3	5,7	19,3	5,2	-3	-1,1

Fuente: SISDE Boletín 37.

Gráfica 7.

Fuente: Elaborado por el autor.

Gráfica 8.

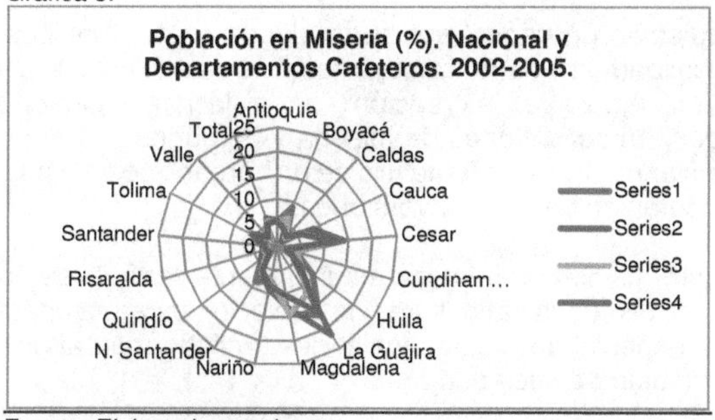

Fuente: Elaborado por el autor.

El deterioro en la actividad cafetera ha impactado negativamente las condiciones de desarrollo social en los departamentos cafeteros del país. El acumulado de desarrollo social que la Federacafé y el gobierno nacional realizaron durante varias décadas transfiriendo recursos parafiscales hacia los productores, se ha reducido lo que se evidencia a través de unos bajos índices de calidad de vida en comparación con los promedios nacionales. La actividad caficultora al reducirse en el contexto productivo nacional y departamental, ha perdido la capacidad de impactar regionalmente los índices de desarrollo social de la población.

De igual manera y como lo menciona Perfetti et.all., "la disminución de la inversión del gremio cafetero en infraestructura social, tendrá efectos negativos directos en la productividad, lo cual redundará en dificultades adicionales para una posible recuperación de la economía cafetera. Este círculo perverso debe ser tenido en cuenta en las discusiones acerca del futuro de la caficultura en el país."[59]

Es importante mencionar además que en las zonas rurales del país el trabajo infantil[60] corre por cuenta especialmente del café (30%), seguido de la caña de azúcar, frutas y hortalizas (18%)[61]. Acorde con la legislación nacional se deben tomar medidas urgentes para retirar estos niños del trabajo infantil doméstico o no,

[59] Perfetti et.al (2004).

[60] En Colombia según el art. 35 de la Ley 1098 de 2006 establece que la edad mínima para trabajar es de 15 años. Para trabajar, los adolescentes entre los 15 y 17 años requieren la respectiva autorización expedida por el Inspector de Trabajo. La Resolución 1677 de 2008 reglamentaria del numeral d) de la Ley 704 de 2001, señala en su Art. 2 que "ningún niño o niña o adolescente menor de 18 años, podrá trabajar en las actividades [como] trabajadores agricultores de café.". Ver: Ministerio de la Protección Social. (2008). Resolución 1677.

[61] Ministerio de la Protección Social. (2008). Estrategia Nacional para Prevenir y Erradicar las Peores Formas de Trabajo Infantil y Proteger al Joven Trabajador. 2008-2015.

de tal manera que puedan desarrollar sus capacidades a cabalidad.

La creación y acumulación de capital social de alguna manera se basa sobre el bienestar social y la calidad de vida de los agentes. Las limitaciones en el bienestar y la calidad de vida limitan a su vez la creación y acumulación de capital social. Los agentes empobrecidos, en condiciones de miseria y de pobreza, tienen muy poca capacidad para movilizar recursos en beneficio de una organización a pesar de unas espectativas de recuperación de estas inversiones.

Por el análisis de la información presentada en el presente capítulo se puede inferir que el modelo de desarrollo de la caficultura y la población cafetera condujeron a la formación de un tipo especial de capital social desarrollado más alrededor de un producto que de un modelo de sociedad rural.

En el presente capítulo se hizo una descripción de algunos indicadores sociales en los departamentos cafeteros. Algunos de los indicadores muestran condiciones sociales inferiores en los departamentos cafeteros a las que se presentan a nivel nacional. Como lo exponen Flap (2004) y Gabbay y Leendeers (2004) en la medida que un agente tenga recursos y capacidades puede ponerlos a disposición de los demás o de una organización para la creación y/o acumulación de capital social.

En el siguiente Capítulo se presenta una caracterización organizacional y productiva de la actividad cafetera, que como se explicará posteriormente es la base de la creación del capital social cafetero.

4. CARACTERIZACION ORGANIZACIONAL Y PRODUCTIVA CAFETERA: LA BASE DEL CAPITAL SOCIAL.

Este capítulo presenta una descripción de la organización cafetera nacional y una caracterización de la producción cafetera. La descripción organizacional permitirá ver la forma como están organizados los productores cafeteros en una organización económica y algunos instrumentos financieros que les permiten acumular capital organizacional que después le es retornado a los productores en la forma de capital social.

4.1. Caracterización organizacional de la Federación Nacional de Cafeteros de Colombia - Federacafé. Objetivos y fines.

Silva (2004) señala las fases del modelo institucional cafetero así:

i) desde la creación de la Federación Nacional de Cafeteros en 1927 hasta la creación del FNC en 1940
ii) entre 1940 y el año 2001;
iii) desde 2002 y la cual señalan está en ejecución.

Durante la Fase 1 este periodo se creó el primer impuesto cafetero (1927), los Almacenes de depósito (1929), el servicio de extensión y el programa de educación (1929), la Caja Agraria (1931) y el Centro de Investigaciones del Café, CENICAFÉ (1939). Se caracterizó por ser un modelo muy centralizado (Silva; 2004).

La Fase 2 se crea el FNC como un instrumento comercial, la Compañía Nacional de Navegación Fluvial (1944), la Flota Mercante Grancolombiana (1946), la Compañía Agrícola de Seguros (1952), el Banco Cafetero (1953), ALMACAFÉ y la Fundación Manuel Mejía (1965), y la Fábrica de Café Liofilizado (1973).

Durante esta fase se crearon programas como la campaña de conservación de suelos (1945), la Garantía de Compra (1958), la Campaña de Promoción y Publicad en el exterior (1959), la cédula cafetera (1960), el Programa de Salud (1976), el Fondo Ecológico (1991) y la Encuesta Nacional Cafetera (1997). Además en este período se realizaron inversiones sociales a través de los Comités Departamentales y se descentralizó la administración. (Silva et.all; 2004).

En la Fase 3 aún vigente para la época del estudio, se transformó la contribución cafetera y se desarrolla inversión social mediante un esquema de cofinanciación, donde los entes gubernamentales y no gubernamentales, utilizan la infraestructura y el conocimiento de los Comités para ejecutar recursos (Silva et.all; 2004).

Los estatutos de la Federacafé contemplan que la organización es una "institución de carácter gremial, integrada por los productores de café del país..."

La Federacafé tiene

"por objeto orientar, organizar, fomentar y regular la caficultura colombiana procurando el bienestar del caficultor a través de mecanismos de colaboración, participación y fomento de carácter económico, científico, tecnológico, industrial y comercial, buscando mantener el carácter de capital social estratégico de la caficultura colombiana." [62]

Según los Art. 2 y 3 de los estatutos, la Federacafé es una organización democrática y apolítica cuya misión primordial es promover la prosperidad y el interés general de los productores.

Las funciones de la Federacafé son:

a) Propender por la defensa de los derechos de los productores cafeteros.
b) Abogar para que los caficultores se beneficien de las políticas sectoriales y macroeconómicas del Estado.
c) Propender por la obtención de altos niveles de competitividad para los caficultores que les permita mantener condiciones adecuadas de vida.
d) Celebrar convenios o contratos con entidades públicas y privadas, nacionales e internacionales, para la realización de programas de inversión, prestación de servicios y otras actividades que puedan beneficiar al caficultor.
e) Administrar recursos mediante fideicomiso u otra modalidad con el propósito de adelantar actividades relacionadas con el caficultor o la industria cafetera.
f) Prestar asistencia técnica a los caficultores con el fin de mejorar su nivel de ingresos.
g) Proporcionar a los caficultores la información relacionada con los avances técnicos y sistemas de producción y comercialización del café, así como acerca del comportamiento de aspectos tecnológicos y socioeconómicos que puedan incidir sobre la actividad cafetera.
h) Apoyar al productor en el acceso a bienes de capital necesarios para la producción cafetera.
i) Promover la realización de obras de utilidad común que favorezcan el mejoramiento de la caficultura del país.
j) Establecer infraestructura física y otras organizaciones productivas eficientes para la comercialización del café.
k) Establecer oficinas de propaganda y apoyar la comercialización nacional e internacional del café.
l) Hacer seguimiento a la actividad productiva cafetera mundial.
m) Mantener y actualizar estadísticas de la actualidad cafetera e informar a los asociados acerca del comportamiento de los precios, existencias y pronósticos en los diferentes mercados. Del mismo modo mantener estadísticas del número de

[62] Federación Nacional de Cafeteros de Colombia (2007). Estatutos. Art. 1.

productores, predios, producción, costos de producción y productividad.
n) Gestionar y ejecutar la realización de programas de desarrollo económico y de complementación del ingreso del caficultor.
o) Apoyar la investigación y la transferencia de tecnología sostenibles, para el cultivo, el procesamiento y la comercialización del café.
p) Estimular la creación de actividades complementarias que eleven el ingreso de los caficultores.
q) Acceder mediante empréstitos o préstamos a entidades nacionales o internacionales.
r) Dotar, con recursos propios o de otras entidades, con infraestructura física y social requerida para el desarrollo de los pobladores de regiones cafeteras.
s) Propender por el desarrollo de una política integral de protección social para los cafeteros.
t) Establecer organizaciones sin lucro, para prestar servicios sociales (educación y salud) a los miembros.
u) Establecer en activos vinculados a la industria cafetera e inversiones de carácter temporal con garantías de solidez y para obtener rendimientos para atender programas en beneficio de los caficultores.
v) Realizar toda clase de actos o negocios jurídicos como enajenar y adquirir bienes etc., que correspondan al objeto de la Federación.[63]

4.2. La estructura administrativa cafetera.

Administrativamente y según el Art. 8 de los estatutos, la Federacafé tiene los siguientes niveles jerárquicos:

a) El Congreso Nacional de Cafeteros.
b) El Comité Nacional de Cafeteros.
c) El Comité Directivo.
d) La gerencia General

La dirección de la Federación le corresponde al Congreso Nacional de Cafeteros. Corresponde al Comité Directivo convocar el Congreso Nacional de Cafeteros para que se reúna. Según el Art. 10 el Congreso Nacional de Cafeteros se compone de los delegados de los Departamentos donde funcionen Comités Departamentales de Cafeteros, elegidos en seis (6) circunscripciones uninominales. El delegado de la circunscripción se elige por votación directa de los cafeteros que posean cédula cafetera y que tengan predios dentro de la jurisdicción territorial respectiva.[64]

---

[63] Federacafé (2007) Art. 5.

[64] El número de delegados de cada uno de los Departamentos cuya participación en la producción nacional sea igual o superior al nueve por ciento (9%), corresponde un número de votos igual al de delegados; a la de cada uno de aquellos cuya participación en la producción sea mayor del tres por ciento (3%) e inferior al nueve por ciento (9%), corresponden cuatro (4) votos; a las delegaciones de los Departamentos cuya participación en la producción sea inferior al tres por ciento (3%), corresponden dos (2) votos. FEDERACAFÉ (2007) Art. 10.

De acuerdo al Art. 11 para ser elegido delegado al Congreso Nacional de Cafeteros se requiere ser caficultor federado con antigüedad no menor de tres años.

El Comité Directivo que se encarga de la orientación y supervisión de los asuntos del gremio y de la administración de la organización. Está integrado por un representante de cada Comité Departamental de Cafeteros. Otra instancia de dirección y administración es la Gerencia General.

Según el Art. 26 el Gerente General podrá aplazar el envío de los dineros que corresponden a los Comités Departamentales cuando estos no hayan presentado oportunamente las cuentas correspondientes, o habiéndolas presentado no fueren satisfactorias o hayan incurrido en violación de las normas estatutarias o reglamentarias, o de las políticas generales de la Federación.

4.3. La red primaria productiva cafetera.

Caracterización del *Federado*

El productor miembro de la Federacafé se denomina Federado. El Art. 6 de los estatutos de Federacafé señala que "son federados los productores de café que obtengan la cédula cafetera expedida por el respectivo Comité Departamental de Cafeteros, según la ubicación de la plantación, o por la Gerencia de la Federación si en el Departamento no hubiere Comité Departamental"[65].

Adicionalmente, señala que las personas jurídicas cuyo objeto social comprenda la producción cafetera así como las comunidades, sucesiones ilíquidas y las sociedades de hecho que posean predios cafeteros, también podrán ser federados. De igual manera podrán ser federados las personas naturales que por más de cinco años hayan explotado directamente mediante contrato de arrendamiento por escritura pública o usufructuado un predio cafetero, durante el mismo lapso, previa renuncia del propietario o titular de las posesión de los derechos gremiales atribuibles al predio en cuestión.

Los Comités Municipales de cafeteros

En el municipio o en dos municipios vecinos productores de café que cuenten por lo menos con cuatrocientos cafeteros cedulados y cuya producción anual sea igual o superior a sesenta mil arrobas se podrá establecer un Comité Municipal compuesto por seis miembros principales, con sus respectivos suplentes personales, elegidos por los productores federados. (Art. 35).

---

[65] Federación Nacional de Cafeteros de Colombia (2007). Estatutos.

Los Comités Municipales tienen las siguientes funciones entre otras:

a) adelantar, en coordinación con el Comité Departamental, campañas para el mejoramiento del cultivo, el control de plagas y enfermedades, la renovación de los cafetales, el correcto beneficio del café, y todas las que redunden en el mejoramiento de las condiciones sociales y económicas de los productores de café;
b) servir de voceros de los productores de café para las solicitudes que éstos deseen hacer a los Comités Departamentales, o al Comité Directivo para obtener soluciones a sus problemas o dificultades;
c) promover la cedulación cafetera de los productores de café y divulgar los derechos, deberes, servicios y beneficios que corresponden a los federados;
d) procurar que en el municipio se cumplan las disposiciones tendientes a mantener la sanidad vegetal y el medio ambiente, y las disposiciones que beneficien a los caficultores. Solicitar el apoyo del Comité Departamental cuando se considere conveniente;
e) cooperar para el buen éxito de las campañas que en sus Municipios adelante el Comité Departamental, para lo cual harán oportunamente las sugerencias que estimen convenientes;
f) estudiar y resolver las solicitudes de los cafeteros del respectivo municipio o, enviarlas acompañadas de su concepto, al respectivo Comité Departamental o a las entidades públicas o privadas competentes para decidir;
g) colaborar con las Juntas de Acción Comunal, con las entidades gremiales y con los empleados de la Federación en el establecimiento de las metas de trabajo y el programa de desarrollo de sus comunidades;
g) elaborar los planes indicativos de obras e inversiones en sus jurisdicciones, establecerles prioridades, y someterlos a la aprobación del respectivo Comité Departamental;
h) gestionar con entidades locales y el Gobierno Municipal programas y acciones que beneficien a los caficultores de la región. (Art. 38).

Los Comités Departamentales de cafeteros

El Art. 28 señala que en cada una de las capitales de los Departamentos cuya producción cafetera exceda el dos por ciento (2%) del total nacional funcionará, como órgano permanente, un Comité Departamental integrado por los seis (6) miembros principales con sus respectivos suplentes, elegidos en el respectivo Departamento en las circunscripciones uninominales creadas para tal efecto[66].

---

[66] Los estatutos autorizaron la creación de un Comité Departamental de Cafeteros conjunto para los Departamentos del Cesar y la Guajira, con sede en la ciudad de Valledupar, así como la continuación (a pesar de no exceder el dos por ciento (2%) de la producción nacional) de aquellos Comités Departamentales de Cafeteros constituidos con anterioridad al 31 de diciembre de 2003.

Las funciones de los Comités Departamentales son entre otras:

a) organizar y promover el gremio y los Comités Municipales en el Departamento;
b) promover el desarrollo de Cooperativas de Caficultores;
c) aprobar su planta de cargos;
d) nombrar su Director Ejecutivo y removerlo;
e) vigilar el manejo de los fondos que le correspondan;
f) atender las consultas de los Comités Municipales y practicar visitas a estos;
g) elaborar, en coordinación con el Director Ejecutivo, el proyecto de presupuesto;
h) velar por la correcta y oportuna prestación de los servicios del Gremio a los caficultores, por parte de las dependencias de la Federación, o de las compañías vinculadas a ella que operen en el Departamento;
i) colaborar con los Comités Municipales en el fomento de las industrias complementarias del café;
j) orientar los servicios de extensión y de educación, con sujeción a las políticas generales dictadas por el Comité Directivo;
k) ejecutar, por conducto de su Director Ejecutivo, las distintas campañas ordenadas por iniciativa propia o de la Gerencia General, con sujeción a las políticas generales trazadas por el Congreso Nacional de Cafeteros, el Comité Nacional y el Comité Directivo;
l) gestionar con entidades locales y el Gobierno Departamental obras, programas y acciones que beneficien a los caficultores de la región; y
m) las demás que les sean señaladas por el Comité Directivo. (Art. 30).

Según el Art. 31,

> "los Comités Departamentales, al momento de preparar sus presupuestos anuales de inversión, tomarán en cuenta entre otros criterios, los relacionados con la cobertura de los servicios públicos, la infraestructura, los índices de calidad de vida de los caficultores de cada departamento y el número de cafeteros cedulados, todo ello de conformidad con las prioridades de inversión señaladas en el contrato vigente entre el Gobierno Nacional y la Federación y el Plan Estratégico aprobado por el Congreso Cafetero. Los cafeteros, por la condición de serlo, tendrán acceso universal y sin discriminación a los bienes públicos de garantía de compra, investigación y extensión y a los servicios ofrecidos por el Fondo Nacional del Café y la Federación".

El Comité Nacional De Cafeteros

Los estatutos de Federacafé establecen la existencia del Comité Nacional de Cafeteros que se compondrá por los miembros acreditados por el Gobierno de Colombia en virtud del contrato de administración del Fondo Nacional del Café, y un representante de cada uno de los 10 departamentos de mayor producción cafetera nacional de acuerdo con el último censo. (Art. 14)

Como lo señala el Art. 15, el Ministro de Hacienda y Crédito Público tendrá tantos votos cuantos sean necesarios en el Comité Nacional de Cafeteros, con el fin de equilibrar el poder de voto entre el Gobierno y los representantes cafeteros. Cuando se presenten empates en las decisiones del Comité las dirime el Presidente de Colombia.

Las principales funciones del Comité Nacional de Cafeteros son:

a) actuar como órgano de concertación de la política cafetera del país entre el gremio y el Gobierno;
b) orientar la política cafetera en las relaciones internacionales;
c) elaborar, con el voto favorable de las dos terceras partes de sus miembros, la terna para la elección de Gerente General y enviarla al Congreso Nacional de Cafeteros;
d) cumplir las funciones y ejercer las atribuciones que le asignen los contratos que la Federación celebre o tenga celebrados con la Nación y en particular, las que se deriven del de administración y manejo del Fondo Nacional del Café. El ejercicio de estas funciones y atribuciones deberá ceñirse a las normas constitucionales, legales y a las estipulaciones contractuales;
e) velar por el cumplimiento de las disposiciones legales que favorezcan a los productores y a la actividad cafetera, entendida ésta como la producción y comercialización del grano y sus actividades accesorias y complementarias.
f) adoptar y gestionar ante las entidades oficiales y privadas, medidas eficaces que aseguren el desarrollo y defensa del bienestar de los productores y de la caficultura;
g) crear comisiones de trabajo, diferentes de las establecidas contractualmente, especializadas y temporales para el manejo de los distintos asuntos que le han sido confiados;
h) procurar un tratamiento de equidad para el gremio cafetero en todos los órdenes.
i) procurar la adopción de medidas que tiendan a elevar la competitividad del sector
j) Aprobar el presupuesto del Fondo Nacional del Café y someterlo a la sanción del Gobierno Nacional;
k) autorizar el establecimiento de líneas de crédito con recursos del Fondo Nacional del Café, con sujeción a las normas legales y contractuales sobre administración del mismo;
l) informar, con la debida oportunidad a los Comités Departamentales de Cafeteros, sobre todos los problemas que atañen a la actividad cafetera y sobre las iniciativas de interés general que se consideren en sus reuniones.
m) reglamentar, de acuerdo con las normas vigentes, todo lo concerniente a tipos, marcas y calidades del café y determinar cuáles son las calidades que pueden ser exportadas y de cuáles de ellos puede limitarse o prohibirse el comercio en el país. (Art. 20).

El siguiente mapa muestra la distribución geográfica de la institucionalidad cafetera.

Mapa 1. Red Institucional cafetera. 2006.

Fuente: Silva (2004).

Como lo explica Silva (2004 et al.) analizando la estructura institucional cafetera,

> "se pueden definir dos grupos de organizaciones de acuerdo con sus funciones primarias: el primer grupo lo podemos denominar organizaciones de carácter *gremial* y el segundo organizaciones de carácter *económico*. En el primero se clasifica a las organizaciones elegidas democráticamente, cuya función primaria es la de representar los intereses de los caficultores. En el segundo grupo se clasifica a las organizaciones que cumplen primariamente una función económica. Es necesario subrayar, sin embargo, que aunque el criterio escogido es la función primaria, es imposible separar las funciones completamente porque son transversales a toda la institucionalidad cafetera."
>
> El proceso democrático es el siguiente: los caficultores eligen a los integrantes de los Comités Departamentales y Municipales de Cafeteros. A su vez, los primeros son los Delegados al Congreso Nacional de Cafeteros, máxima autoridad de la FNCC. Actualmente, hay constituidos 15 Comités Departamentales, cada uno dividido en 6 circunscripciones con equivalente

número de representantes, 371 Comités Municipales y 3 Oficinas Coordinadoras.
Entre las organizaciones económicas más importantes se cuentan las que constituyen la red comercial institucional. Las complementarias de primer orden, son las que están relacionadas directamente con la actividad. Las complementarias de segundo orden son las cumplen funciones que apoyan al sector de manera indirecta. El primer grupo está compuesto principalmente por la FNCC como exportadora, Almacafé con sus 13 bodegas y sus servicios de operación logística y trilla, 39 cooperativas donde la Federación y los productores tienen la mayor participación, y 492 puntos de compra.
Las cooperativas también cuentan con su propia agencia exportadora (Expocafé) que también es parte de este grupo. Adicionalmente, se encuentran la Fábrica de Café Liofilizado que produce y exporta café soluble y más recientemente las tiendas de café Juan Valdez a través de las cuales se llega directamente al consumidor final. Otros arreglos institucionales se han establecido para impulsar proyectos de valor agregado, que también se incluirían en este subgrupo.
Las entidades económicas complementarias de primer orden son, por ejemplo, la FNCC, CENICAFÉ y la Fundación Manuel Mejía. Finalmente, el grupo de organizaciones económicas de segundo orden se ha venido contrayendo en el tiempo toda vez que se ha decidido concentrar los esfuerzos y recursos en empresas relacionadas directamente con el sector. Tomando un referente histórico, este grupo estaría integrado por el Fondo Rotatorio de Crédito, el Banco Cafetero, la Flota Mercante Gran Colombiana, entre otros."[67]

Como lo menciona Silva et.all. (2004), el gerente de Federacafé, la organización tiene sub organizaciones de dos tipos i) gremiales y, ii) económicos. No es claro como estas organizaciones elegidas democráticamente de carácter gremial contribuyen a la producción de manera directa. Las "funciones transversales" de las entidades primarias generan costos que limitan el desarrollo económico y la eficiencia.

La Federacafé tiene la misma estructura desde hace aproximadamente 80 años y esta estructura no es preponderantemente económica pues tiene, como lo menciona Silva, objetivos gremiales y económicos a la vez. Los objetivos gremiales tienen unos costos que inciden sobre los objetivos económicos de la organización y por ende sobre los agentes individuales que a ella pertenecen.

Para promover el desarrollo económico la institucionalidad podría ser una organización exclusivamente económica que le permita tener como objetivo la

[67] Silva et.all. (2004). Para ver la caracterización de la cadena agroindustrial del café ver: García y Olaya (2006).

eficiencia económica y que todos sus recursos se orienten a la mejora de la eficiencia económica de los agentes.

Recursos y presupuestos de la Federacafé

Según los estatutos los fondos de la Federacafé son:

a) las cuotas que el Comité Directivo establezca como obligatorias para ingresar a la Federación y formar parte de ella;
b) los rendimientos de sus propios bienes;
c) los recursos provenientes de los contratos firmados entre el Gobierno Nacional y la Federación;
d) los demás fondos que se le entreguen a cualquier título con destino al servicio y defensa de la industria cafetera;
e) las donaciones que reciba de los cultivadores, o de cualquier persona;
f) los dineros que reciba como remuneración por prestación de servicios, y
g) los demás bienes que haya adquirido a cualquier título. (Art. 52).

Los recursos de los Comités Departamentales provienen de la participación que determine el Congreso Nacional de Cafeteros, el Comité Directivo y la Gerencia de Federacafé en los fondos generales de la Federación, los dineros que aporten las entidades públicas o privadas, los rendimientos cuotas o participaciones que reciba por sus inversiones y los recursos provenientes del Fondo Nacional del Café que se les asigne anualmente de conformidad con las normas vigentes y el Contrato de Administración firmado entre el Gobierno Nacional y la Federación. (Art. 53).

Los Comités Departamentales de Cafeteros administrarán, de acuerdo con los parámetros del contrato de administración del Fondo y en contabilidad separada, los recursos originados en las Transferencias Cafeteras con cargo al Fondo Nacional del Café, que se destinarán a programas de desarrollo social y económico de las zonas cafeteras, de fomento y apoyo al cooperativismo, de mejoramiento de las condiciones de la población campesina en zonas cafeteras, directamente o a través de convenios con los entes territoriales, cuando lo permita la naturaleza de los programas. (Art. 54).

El presupuesto de la Federación será expedido por el Congreso Nacional de Cafeteros. Dicho presupuesto reflejará las directrices y objetivos del plan estratégico general para el año en cuestión. (Art. 55).

Por otro lado "el Fondo Nacional del Café es una cuenta de naturaleza parafiscal constituida por recursos públicos cuyo objetivo prioritario es contribuir a estabilizar el ingreso cafetero mediante la reducción de los efectos de la volatilidad del precio internacional. El Fondo cumplirá los objetivos previstos en las normas legales vigentes, en orden de fomentar una caficultura eficiente, sostenible y mundialmente competitiva"[68]

Las contribuciones cafeteras han tenido un origen legal que se ha modificado con el tiempo. Según lo señala el Artículo 63 de la Ley 788 de 2002 que modificó el artículo 19 de la Ley 9 de 1991 crea

> "una contribución cafetera a cargo de los productores de café, destinado al Fondo Nacional del Café, con el propósito prioritario de mantener el ingreso cafetero de acuerdo con los objetivos previstos que dieron origen al citado Fondo. La Contribución será el cinco por ciento (5%) del precio representativo por libra de café suave colombiano que se exporte. El valor de esta contribución no será superior a cuatro centavos de dólar (US$0.04) por libra, ni inferior a dos centavos de dólar (US$0.02).
>
> Con el fin de contribuir al saneamiento del Fondo Nacional del Café y a la estabilización del ingreso del caficultor, créase otra contribución con cargo al caficultor y que será de dos centavos de dólar (US$0.02) por libra de café que se exporte siempre y cuando el precio sea superior a sesenta centavos de dólar (US$0.60) y que estará vigente hasta el 31 de diciembre del año 2005. A partir del primero de enero de 2006, siempre y cuando el precio representativo suave colombiano sea igual o superior a noventa y cinco centavos de dólar (US$0.95) por libra, esta contribución será de tres centavos de dólar (US$0.03) por libra de café que se exporte y se destinará exclusivamente a la estabilización del ingreso del caficultor a través del precio interno. Su cobro sólo se hará efectivo a partir de la fecha que para el efecto determine el Gobierno Nacional, previo concepto favorable del comité nacional de cafeteros.
>
> Parágrafo 1°. La metodología para establecer el precio representativo del café suave colombiano será determinada por el Gobierno Nacional. Mientras se expide la reglamentación respectiva, el precio de reintegro se aplicará para determinar la contribución.
>
> Parágrafo 2°. El Gobierno Nacional podrá hacer exigible la retención cafetera en especie parcial o totalmente, sólo en condiciones especiales que exijan una acumulación de existencias que a juicio del Comité Nacional de Cafeteros no puedan ser atendidas exclusivamente por compras de la Federación Nacional de Cafeteros de Colombia, o cuando así lo impongan obligaciones derivadas de convenios internacionales de café.
>
> Parágrafo 3°. Los cafés procesados podrán estar exentos del pago de la contribución cafetera total o parcialmente, cuando así lo determine el Gobierno Nacional.
>
> Parágrafo 4.° Los excedentes provenientes de la contribución que no se apliquen inmediatamente a los objetivos previstos en la Ley, sólo podrán destinarse a inversiones transitorias en títulos de reconocida seguridad, alta liquidez y adecuada rentabilidad.

---

[68] Cláusula Segunda Contrato de Administración del Fondo Nacional del Café. En: http://www.cafedecolombia.com/quienessomos/federacion/fondonacional.html

> En ningún caso podrán realizarse con estos recursos inversiones de carácter permanente, así estén relacionadas con la industria cafetera."[69]

Posteriormente este inciso fue modificado por el artículo 25 de la Ley 1151 de 2007 cuyo texto refiere:

> Establézcase una contribución cafetera, a cargo de los productores de café, destinada al Fondo Nacional del Café, con el propósito prioritario de mantener el ingreso cafetero de acuerdo a los objetivos previstos que dieron origen al citado Fondo. Cuando el precio representativo del café suave colombiano supere los 0.60 centavos de dólar por libra exportada (US$0.60), la contribución máxima será de 6 centavos de dólar por libra (US$0.06) de café suave colombiano que se exporte. En ningún caso la contribución será inferior a 2 ctvs. de dólar por libra (US$0.02) de café que se exporte.[70]

Los recursos del FNC son la base financiera que retribuye a los agentes inversiones para la mejora de la producción y la competitividad sectorial.

La información presentada en esta sección permitió establecer la estructura organizacional de los productores cafeteros colombianos vinculados a la Federación Nacional de Cafeteros de Colombia. Se presentaron sus funciones, estructura administrativa y sus recursos y presupuestos. Se presentó la normatividad que creó el Fondo Nacional del Café como una cuenta especial que permite ajustar el ingreso cafetero frente a la variación en los precios internacionales y financia la provisión de bienes y servicios para los cafeteros para estimular la producción.

En sí misma la cuenta del FNC, como capital económico, constituye capital social. Esto será claro cuando se presente la definición de capital de la presente investigación en el Capítulo 5.

4.4. Evolución de la Producción Cafetera.

Para comenzar se debe aclarar que la investigación **no** tiene como uno de sus objetivos determinar el comportamiento de la producción cafetera a nivel nacional o local y las variables asociadas a ésta. De igual manera **no** trata de explicar la función de Federacafé respecto a la producción, ni la efectividad de esta en realizar esta función. La investigación se centra el estudio del capital social. Sin embargo en cuanto la producción es uno de las variables asociadas a la creación y

---

[69] Congreso de Colombia (2002). Ley 788 de 2002 (diciembre 27) Por la cual se expiden normas en materia tributaria y penal del orden nacional y territorial; y se dictan otras disposiciones.

[70] Congreso de la República. (2007). Ley 1151 (julio 24). Diario oficial no. 46.700 de 25 de julio de 2007, por la cual se expide el plan nacional de desarrollo 2006-2010.

acumulación de capital social se presenta esta breve reseña de la evolución de la producción en Colombia.

A lo largo de los siglos XIX y XX, en Colombia los grupos hegemónicos definieron su participación en el conglomerado nacional. Por medios violentos y de manipulación política lograron su unificación política después de periódicas coaliciones de diversas facciones políticas, especialmente de los dos partidos tradicionales.

El país se desarrolló a partir de las sociedades agrarias tradicionales que desarrollaban actividades primarias de producción. Estas sociedades se caracterizaron por su relación a partir de sistemas pre capitalistas con la propiedad. Se instituyó la gran hacienda como un vehículo para el sometimiento de mano de obra barata que trabaja únicamente para reconstituirse como mano de obra vinculada a los propietarios de los medios de producción[71].

Monsalve (1927)[72] elaboró una investigación en la que estableció una caracterización de la producción cafetera a nivel departamental, y municipal.

Machado realizó un análisis del proceso evolutivo de la producción cafetera hasta el proceso de modernización ocurrido en los años 1960.[73] Desde el punto de vista social su análisis contribuyó a identificar la estructura de la propiedad y de la producción cafetera entre 1920 y 1950. La estructura cafetera muestra un constante fraccionamiento de la propiedad que definió la estructura de la producción actual. Arango[74] y Palacios[75] complementaron el conocimiento acerca de la composición de la estructura productiva cafetera y de la evolución técnica de los cultivos hasta los inicios de la segunda mitad del siglo anterior.

Según Olson (1997) se puede plantear que en Colombia la agricultura es menos susceptible de explotación por los sectores urbanos y la razón por la cual la Federación de Cafeteros es tan fuerte y por la cual ha habido menos explotación de la agricultura tiene que ver con la regionalización natural del país, pues hay diferentes

---

[71] Referente al proceso de desarrollo económico en los dos últimos siglos ver: Kalmanovitz, Salomón (1985). Economía y Nación. Una breva historia de Colombia, Cinep, UN, Bogotá, y Kalmanovitz, Salomón (1982). El Desarrollo de la Agricultura en Colombia. Carlos Valencia Editores, Bogotá; Bushnell David (1996). Colombia Una Nación a pesar de sí misma, Planeta, Bogotá; Mc. Greevy, William Paul (1988). Historia Económica de Colombia. 1845-1930. TM Editores, Bogotá.

[72] Monsalve Diego (1927). Colombia Cafetera, Barcelona.

[73] Machado, Absalón (1988). El Café de la aparcería al capitalismo. Tercer Mundo Ed., Bogotá, 1988.

[74] Arango, Mariano (1982). Café e Industria, Carlos Valencia Editores, Bogotá, 1981; El Café en Colombia, Carlos Valencia Editores, Bogotá.

[75] Palacios, Marco (1983). El café en Colombia. Una historia económica, social y política, El Ancora Editores, Bogotá. A nivel regional ver: Correa, Claudia. El desarrollo de la caficultura en Cundinamarca. Federacafé, 1987. Villoria, Joaquín. Café Caribe. Revista Cafetera de Colombia, No. 209, 1998; y Montaña, Andrés. El desarrollo de la caficultura en el área de la colonización Antioqueña, Federacafé, 1990, El desarrollo de la caficultura en el Tolima Grande, 1991; El desarrollo de la caficultura en el área de los santanderes, 1992.

sectores que trabajan desde diferentes regiones y que han tenido poder político para defenderse. La acción colectiva urbana ha sido menos extrema en Colombia por lo cual ha habido protección para las manufacturas hasta hace poco y tipos de cambio en determinadas épocas establecidos en forma adversa para los exportadores especialmente agrícolas y de café.[76]

Machado (1988) y Arango (1982) realizaron una caracterización de las relaciones de producción existentes en la economía cafetera. En algunas regiones se desarrollaron relaciones pre capitalistas con atrasados sistemas productivos que retenían y obligaban al trabajador a los predios a través del arrendamiento, en un contexto donde imperaba la gran propiedad. Con el tiempo y frente a los altos costos se fraccionaron estas propiedades y se desarrollaron unidades productivas con relaciones capitalistas que caracterizan a la producción moderna.

Otras regiones del país sin embargo se han caracterizado por la presencia de pequeños productores caficultores que alternan la producción cafetera de sus unidades de acuerdo a la capacidad productiva y de capital.

La producción cafetera ha sido determinante en la evolución económica de algunas regiones de la nación colombiana. En el departamento de Antioquia, Palacios[77] habla de una "etapa" cafetera si se analiza la visión más allá de la participación de la burguesía regional. Sobre la base de algunos elementos de Bejarano[78], revela los efectos expansivos de la actividad cafetera sobre sectores complementarios de la actividad. En este contexto resulta fundamental observar la correlación entre la producción cafetera y el desarrollo social de la población cafetera.

Tal como lo muestra Kalmanovitz (1983)[79], existe una estrecha relación entre el comportamiento del mercado cafetero, los precios externos y la estructura de la propiedad cafetera. Hacia 1932 la estructura mostraba la concentración de la propiedad en un pequeño estrato. Para 1954, y como efecto de la violencia se produjo una desconcentración de la producción. Hacia 1970 nuevamente ocurre una nueva concentración de la propiedad como efecto del cambio técnico.

En relación con las alteraciones en el orden público y las manifestaciones de violencia las áreas cafeteras se han caracterizado por la presencia recurrente de actos violentos. Durante la época de "La Violencia" en las regiones cafeteras se dieron

---

[76] Olson, Mancur (1997). La explotación de la Agricultura. En: Pizano, Diego y Chalarca, José. Café Instituciones y Desarrollo Económico, Federacafé, Bogotá.

[77] Palacios, Marco (1982). El café en la vida de Antioquia. En: Memoria del Simposio Los estudios Regionales en Colombia: El caso de Antioquia. FAES, Medellín, p.85.

[78] Bejarano, Jesús. (1975). El fin de la economía exportadora y los orígenes del problema agrario. Cuadernos Colombianos, p. 245.

[79] Kalmanovitz, Salomón. (1982). El desarrollo de la agricultura en Colombia. Carlos Valencia Editores, Bogotá, p. 55.

manifestaciones de enfrentamientos y asesinatos en masa que a la postre condujeron a la redefinición de la ocupación del espacio rural por parte de uno u otro grupo[80]. En 1985 ya se ponía de presente que el modelo tecnológico que procuraba la modernización de la producción carecía de elementos sociales en su concepción que lo limitaban reduciendo las posibilidades de reestructuración a nivel local.[81]

Como lo muestra Ramírez (1998)[82] el valor de la producción del café como proporción del valor de la producción agropecuaria no es estadísticamente significativa para explicar los cambios estructurales de la producción, las distorsiones en los precios y en el comportamiento de la producción cafetera afectan de manera significativa la producción agropecuaria global.

Bates (1997) realizó un estudio comparativo en varios países cafeteros en el cual analiza el papel de las instituciones y el comportamiento de los agentes privados en los procesos productivos. En este análisis identificó la dualidad entre lo público y lo privado de la federación Nacional de Cafeteros poniendo de relevancia como un estudio de las instituciones económicas requiere un estudio de la política para que sea completo. Aunque el poder público según Bates puede ser empleado para fomentar la rentabilidad de la industria cafetera también puede ser empleado para devorar esos beneficios.[83]

El trabajo de Bates se basa sobre un estudio más amplio realizado desde el marco teórico de la Nueva Economía Política para desarrollar un análisis acerca del marcado mundial del café en el cual se contempla la inserción de Colombia en el mercado mundial cafetero y el surgimiento de las instituciones cafeteras en el país[84]. Rodríguez (1997) realizó un análisis de la organización de los productores de café y del surgimiento de la Federación Nacional de Cafeteros en que presenta el desarrollo de la agremiación desde su creación.[85] Cuellar (2004) realizó una análisis del crédito en la caficultura colombiana

[80] Ver entre otros: Guzmán, Germán et al. (1990). La violencia en Colombia, Carlos Valencia Editores, Bogotá, 1986; Corredor, Consuelo. Crisis Agraria, Reforma y Paz: De la violencia homicida al genocidio, En: Un país en construcción. Poblamiento, problema agrario y conflicto social, Cinep.

[81] Machado, Absalón (1985). La cuestión Social en la economía cafetera. En: Segundo Seminario sobre economía cafetera, Fedecafé, Manizales.

[82] Ramírez, Nancy. (1998). "Cambios en la estructura productiva del sector agropecuario Colombiano". Tesis de Maestría en Economía, UN, Bogotá.

[83] Bates, Robert H. Instituciones y Desarrollo. En: Pizano, Diego y Chalarca, José (compiladores), (1997). Café, Instituciones y Desarrollo Económico. Federacafé.

84 Bates, Robert (1999) Política internacional y economía abierta. La economía política del comercio mundial del café, Tercer Mundo, Fedesarrollo. Ver también: Bates, Robert (1994). "La Economía Política del Café Colombiano en los Años Treinta: el ejercicio del poder público y la defensa de los intereses privados" en: Ensayos sobre economía cafetera, Año 7 No. 10, enero-diciembre p 9-28.

85 Rodríguez, Francisco. (1997). Relaciones de Poder y Estructura de Decisiones del Gremio Cafetero Colombiano. Federación Nacional de Cafeteros de Colombia, Federacafé y Fondo Nacional del Café. Innovar No. 10, Facultad de Ciencias Económicas, U.N.

En la caficultura ha venido ocurriendo una paulatina reducción en el tamaño de las explotaciones cafeteras lo cual ha incidido de manera contundente sobre el potencial desarrollo de los pequeños productores.

Analizando la información reportada por Federacafé, García (2000)[86] encontró que apenas un 50% de los productores con extensiones menores de 5 has tienen la capacidad de sostener su producción con base en la actividad, a la vez que el otro 50% difícilmente pueden mejorar sus condiciones basados en la producción agropecuaria de café. El impacto negativo sobre la producción y el desarrollo rural son evidentes comprometiendo la estructura de la producción caficultora en general. Muchos de los productores están por fuera de los límites y condiciones de supervivencia por lo que deben generar ingresos a nivel extra predial.

Cuando se enfrentó la producción cafetera al mercado libre las políticas no tuvieron en cuenta los aspectos sociales que involucra la producción[87]. A principios de la década de los 90 Naranjo (1993) realizó un diagnóstico de las zonas productoras de café en el país que identificó la problemática y caracterización de los productores desde el punto de vista social y económico. Los resultados del estudio dieron origen a un re direccionamiento de la producción por parte de Federacafé que pretendía alcanzar mejoras en la competitividad de la producción y considerar estrategias para la formación del capital humano asociado a la caficultura[88].

Alcanzar la competitividad sin embargo implica el diseño y la implementación de estrategias que van más allá de lo meramente productivo. Federacafé expresaba como su posible contribución al desarrollo de la competitividad de la actividad correspondía a: i) la garantía de un precio de sustentación con garantías para los productores y garantizar la rentabilidad para el productor; ii) garantía de calidad del producto; iii) la comercialización del producto; iv) la diferenciación del producto[89].

Previamente a la más reciente crisis de precios que ha afectado a la caficultura se decía que el café al constituir una de las actividades que más genera trabajo la prosperidad de la zona cafetera andina genera una alta inmigración de trabajadores de regiones más pobres ocasionando altas densidades de población que sólo encuentran pleno empleo en épocas de cosecha. Hasta entonces las inversiones realizadas por el Fondo Nacional del Café generaron una alta cobertura de servicios básicos y sólo el 16% se encontraba en la miseria. Sin embargo la región contaba con

---

86 García, Julián. (2000). "Viabilidad Económica de las pequeñas explotaciones cafeteras". Tesis Postgrado en Ciencias Económicas, UN, Bogotá.

87 Clavijo, Sergio et al. (1994). El Negocio Cafetero ante el mercado libre. Informe de la comisión mixta para el estudio del café. Ministerio de Hacienda, DNP, Bogotá, Tercer Mundo Editores.

88 Para el análisis del Perfil Productivo Cafetero ver: Suárez, Ruth (2001). Los desafíos rurales en Colombia. Elementos Institucionales del éxito, TM Editores, Bogotá.

89 Naranjo, Jhon (1998). El gremio cafetero y la organización de los productores. En: Ruptura cultural para el desarrollo, Universidad del Valle.

uno de los mayores índices de presión de la población rural sobre la tierra y el 30% de la población rural era asalariada[90].

Específicamente dentro del campo del desarrollo social Federacafé realizó un análisis demográfico y socio económico de la zona cafetera en el que se toman algunas variables sociales especialmente educación como indicador del nivel de desarrollo en las diferentes regiones del país. De igual manera se analiza el crecimiento de la población y el tipo de vivienda y servicios públicos[91].

Cárdenas *et al.* (1997) realizaron un análisis departamental de la relación entre el café y el desarrollo económico analizando el ingreso per cápita, el comercio internacional, la infraestructura, el capital humano, la criminalidad y la estabilidad y participación política. Ellos encontraron cómo en algunos frentes los departamentos cafeteros han tenido un desarrollo diferente al del resto de departamentos del país, tal es el caso de la educación primaria en la que han hecho mayores avances que otros departamentos. Ocurre lo contrario en el caso de la educación secundaria. En el caso de la infraestructura se podría concluir que los departamentos cafeteros tienen mejor desempeño que el resto del país en el servicio de alcantarillado[92].

Como lo muestran Cárdenas *et.al* (1997) a pesar de la abundancia de estudios sobre la economía cafetera en Colombia es poco lo que se ha estudiado con respecto al impacto regional del desarrollo cafetero.

Como lo menciona Guhl (2004) analizando los censos cafeteros, el número de municipios cafeteros se ha ido reduciendo paulatinamente como lo muestra el siguiente cuadro:

[90] Sarmiento, Libardo (1994). Evolución de la pobreza y la calidad de vida en Colombia. 1972-1992. En: El Agro y la cuestión social. Minagricultura 80 años, TM Editores, Bogotá,

[91] Federación Nacional de Cafeteros de Colombia. (1994). Nueva Estructura para la caficultura colombiana. Análisis demográfico y socio económico de la zona cafetera. Bogotá.

[92] Cárdenas, Mauricio y Yanovich, Denisse. (1997). Café y Desarrollo Económico: un análisis departamental. En: Coyuntura social, Fedesarrollo, Bogotá.

Cuadro 5. Resumen de los censos cafeteros 1970, 1980-81, 1993-97.

	1970	1980-81	1993-97
Municipios cafeteros	587	577	559
Número de fincas	301.708	N.D.	609.432
Área censada (ha)	5'765.587	N.D.	4'773.557
Área sembrada en café (ha)	1'067.113	1'003.940	869.158
Café tecnificado (%)	0,22%	34,14%	70,04%
Área en café como porcentaje del total	18,51%	N.D.	18,21%
Área en Bosque y rastrojo (ha)	1'026.968	N.D.	1'151.474

N.D.= No disponible.
Fuente Ghul (2004).

Gráficamente desde el punto desde las redes sociales la Federacafé se veía en 1927[93] así:

Gráfica 9
Red institucional cafetera por Comités Municipales, Departamentales y Nacional. 1927.

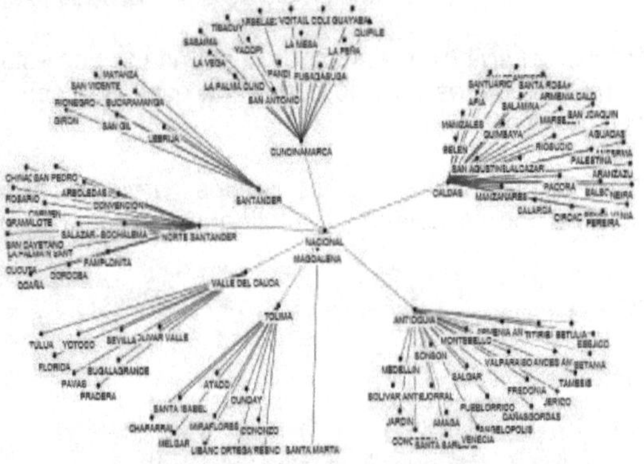

Fuente: Elaborado por el autor en NODEXL a partir de información del Censo de 1927..

En 1981 la misma organización se veía así[94]:

[93] Monsalve, Diego (1927). Colombia Cafetera.
[94] Calculado en NodeXL a partir de los listados del Censo de Federacafé.

Gráfica 10
Red institucional cafetera por Comités Municipales, Departamentales y Nacional. 1981.

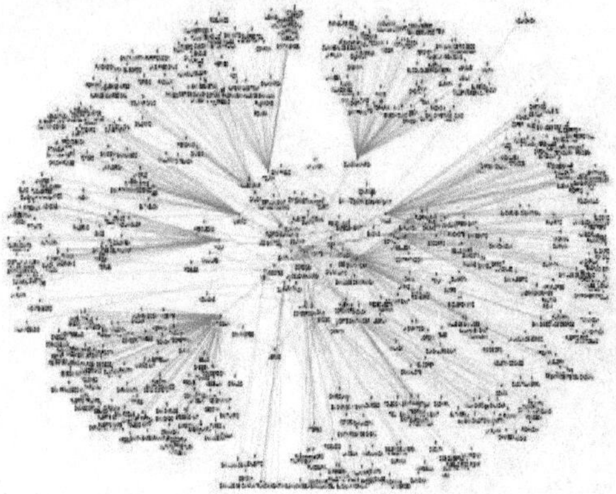

Fuente: Elaborado por el autor en NODEXL a partir de información del Censo de 1981.

Las aristas en rojo hacen referencia a la relación entre los Comités Departamentales y el Comité Nacional. Para 1997 la Federacafé mostraba la siguiente configuración:

Gráfica 11
Red institucional cafetera por Comités Municipales, Departamentales y Nacional. 1997.

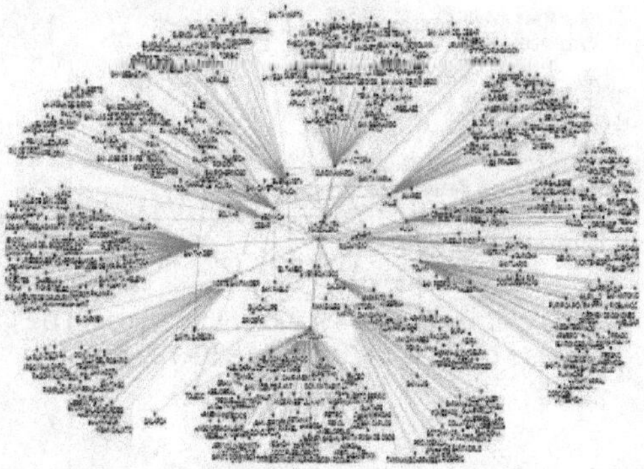

Fuente: Elaborado por el autor en NODEXL a partir de información del Censo de 1997.

Entre 1970 y 1997 el Área sembrada en café evolucionó como lo muestra el siguiente Mapa:

Mapa 2. Colombia. Área sembrada en Café. 1970-1997.

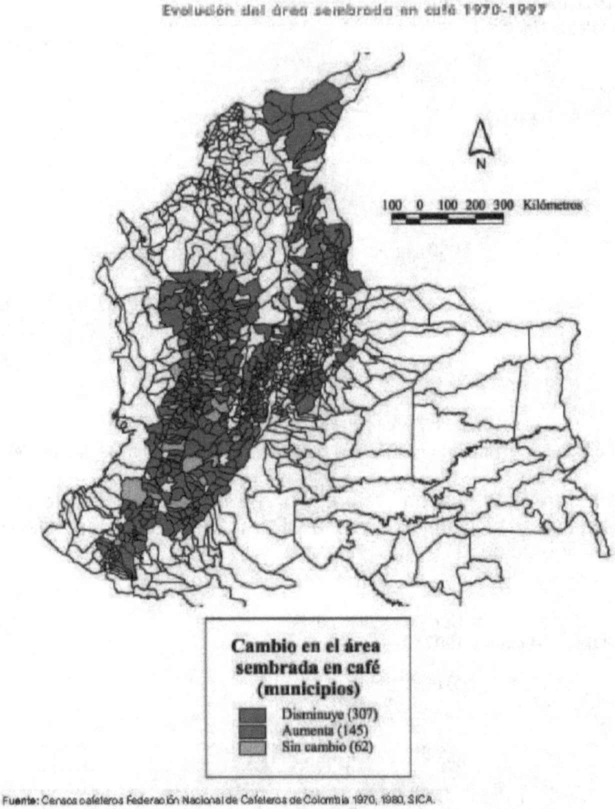

Fuente Guhl (2004).

El siguiente Mapa muestra más claramente la evolución/contracción de la actividad comparando la información de los censos 1970-80 y 1980-1997:

Mapa 3. Colombia Evolución del área
Sembrada. 1970-1997.

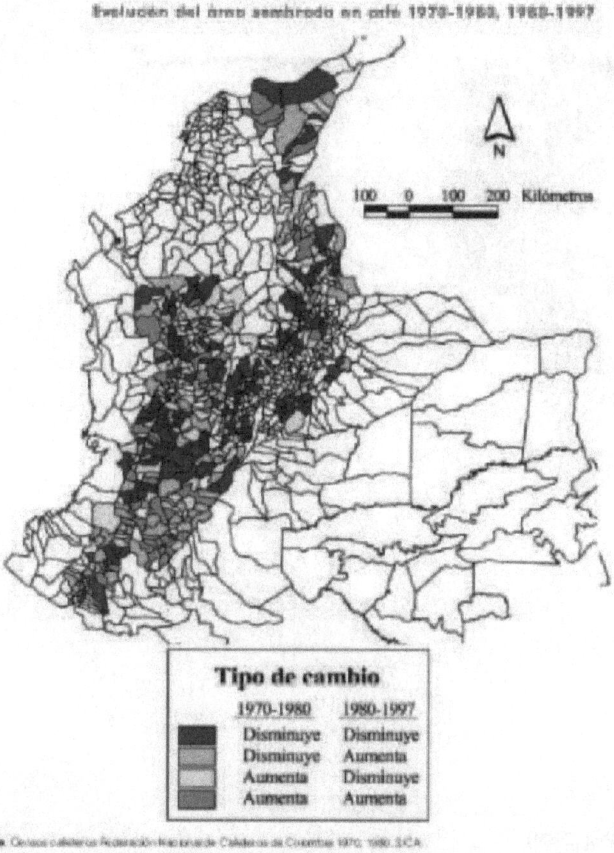

Fuente Guhl (2004)

Es posible sin embargo ver mediante un mapa la evolución del proceso de tecnificación de la producción cafetera a nivel nacional así:

Mapa 4. Colombia. Evolución del área tecnificada en café. 1970-1997.

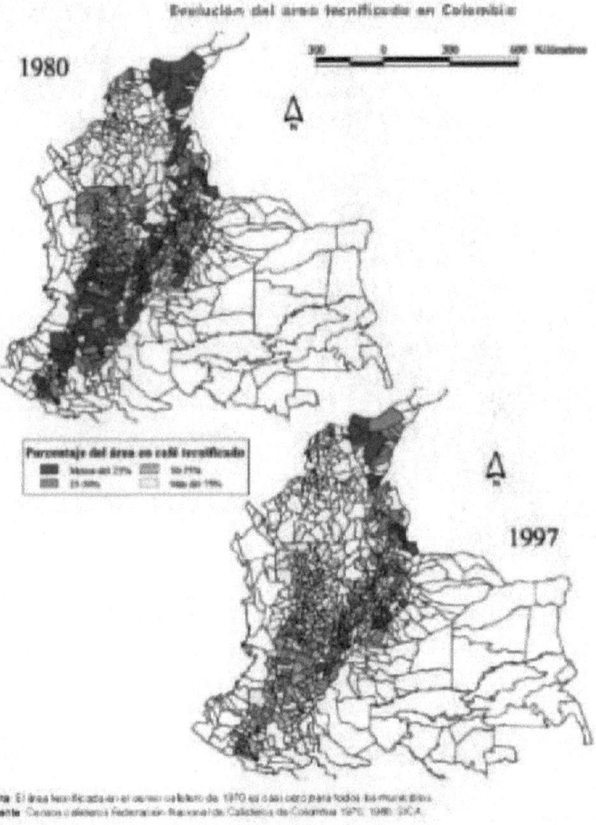

Fuente Ghul (2004)

Como se ve hasta 1997 se habían hecho avances significativos en términos de la tecnificación de la producción cafetera y muchas regiones ya mostraban porcentajes superiores al 75% en su área tecnificada.

La variación de los precios en el mercado internacional ha sido determinante en las variaciones en el área sembrada pues ante la caída en los precios muchos agentes y productores han abandonado la producción. Veamos esta variación en los precios entre 1917-2007:

Gráfica 12. Evolución precio Café Colombiano Pergamino. Precio Promedio Anual. 1914-2009. US$ Corrientes por libra. Fuente: Federacafé

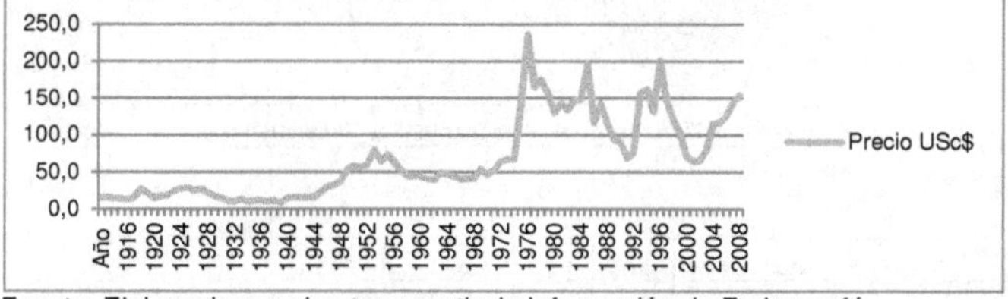

Fuente: Elaborado por el autor a partir de información de Federacafé.

Perfetti et.all (2004) hicieron una evaluación de los impactos micro-macroeconómicos y sociales de la crisis cafetera de principios de la década de 2000 los que sintetizan así:

> "i) existe un alto riesgo de que una proporción considerable (cerca de una cuarta parte) de los productores cafeteros salgan del mercado como resultado de las pérdidas ocasionadas por su estructura de rendimientos y costos frente a un precio internacional bajo; ii) el retiro de dicho número de productores tendría un efecto total en la producción y el empleo de la economía de 0,8% y 1,96% respectivamente, siendo el segundo mucho mayor que el efecto en el producto, dadas las particularidades de la producción cafetera; iii) la crisis cafetera ya ha comenzado a tener efectos en el mercado laboral y en las condiciones de vida de las zonas cafeteras: se observan aumentos en la oferta laboral, disminución en la población inactiva, aumento de la informalidad, etc. Igualmente, existe un deterioro importante –y preocupante- en las condiciones de vida de estas zonas, lo cual se manifiesta a través de un aumento substancial en la indigencia, en la dependencia económica y en la deserción escolar; iv) estos efectos de la crisis son mucho mayores en el nivel regional que en el nacional, y tienen una mayor magnitud en los departamentos altamente productores; v) en el Eje Cafetero, la crisis ha traído consigo una disminución en la tendencia creciente de las condiciones de vida, así como aumentos significativos en los niveles de desnutrición infantil; vi) finalmente, el retiro de los Comités Departamentales de la inversión social en infraestructura acelerará la convergencia que ya venía dándose en cuanto a indicadores socioeconómicos, y podría afectar negativamente la productividad, dada la relación entre esta última y la inversión social del gremio."[95]

Durante la última década se observa una reducción en la Superficie Plantada en Café y una reducción del 6% en la producción de año cafetero. Los rendimientos por Ha. (Producción /Superficie) sin embargo muestran un incremento de 41% por lo que con una superficie plantada menor se obtiene los volúmenes productivos

[95] Perfetti et.all (2004).

similares a los alcanzados en 1996. Esto se ve en el cuadro 6 y los Gráficos 13,14, y 15. Igualmente se presentó una reducción del café respecto al área cosechada nacional y respecto a su valoración en la producción nacional (Anexo 1 y Anexo 2).

Cuadro 6. Colombia. Producción café verde, Superficie Plantada y Rendimiento por Ha. 1996-2007.

Período	1996	1997	1998	1999	2000	2001	2002	2003	2004	2005	2006	2007	Tasa crecimiento 1996/2007
Total Producción Año Civil 1/	11.190	10.704	12.783	9.112	10.619	10.936	11.614	11.568	11.343	11.119	12.079	12.618	13%
Producción Año Cafetero 1/	12.938	10.779	12.122	10.868	9.512	10.519	11.950	11.712	11.053	11.532	11.953	12.164	-6%
Superficie Plantada (Miles de ha)	1.100	1.100	869	869	850	805	865	871	887	883	874	878	-20%
Rendimiento por Ha.	10,17	9,73	14,71	10,49	12,49	13,59	13,42	13,28	12,79	12,59	13,83	14,38	41%

FUENTE: Elaborado por el autor a partir de información de FEDERACAFE.
1/. Producción en miles de sacos de 60kg.

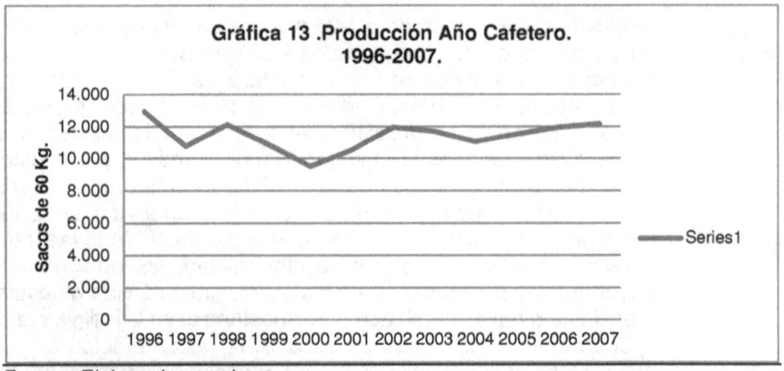

Fuente: Elaborado por el autor.

Gráfica 14 . Colombia. Rendimiento /Ha. Actividad Cafetera. 1996-2007. Fuente Federacafé

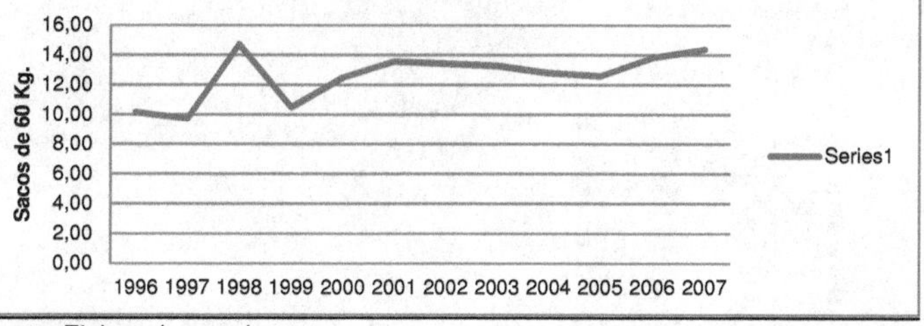

Fuente: Elaborado por el autor.

Gráfica 15 . Colombia. Superficie Plantada en Café. 1996-2007. Fuente Federacafé

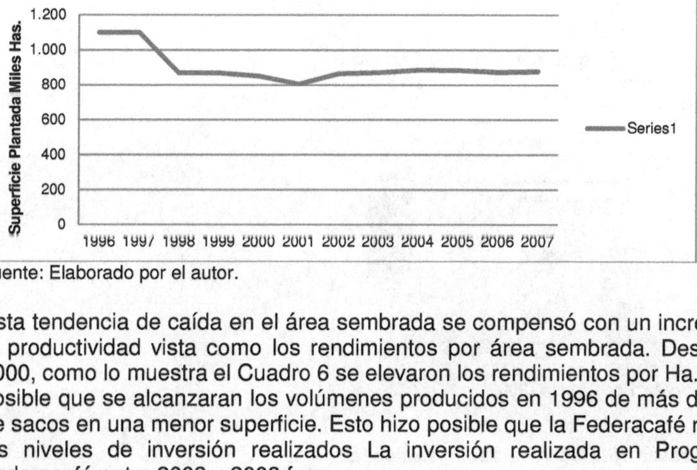

Fuente: Elaborado por el autor.

Esta tendencia de caída en el área sembrada se compensó con un incremento en la productividad vista como los rendimientos por área sembrada. Desde el año 2000, como lo muestra el Cuadro 6 se elevaron los rendimientos por Ha. Haciendo posible que se alcanzaran los volúmenes producidos en 1996 de más de millones de sacos en una menor superficie. Esto hizo posible que la Federacafé recuperara los niveles de inversión realizados La inversión realizada en Programa por Federacafé entre 2003 y 2008 fue:

Gráfica 16. Inversión de la Organización cafetera en Programas. 2003 -2008.

Fuente: Federacafé (2008)

Además, se pueden ver en la Gráfica 17 los recursos disponibles para inversión y en la Gráfica 18 la ejecución de los recursos por parte de los departamentos.

Gráfica 17. Recursos disponibles de la Organización cafetera para inversión. 2003 -2008.

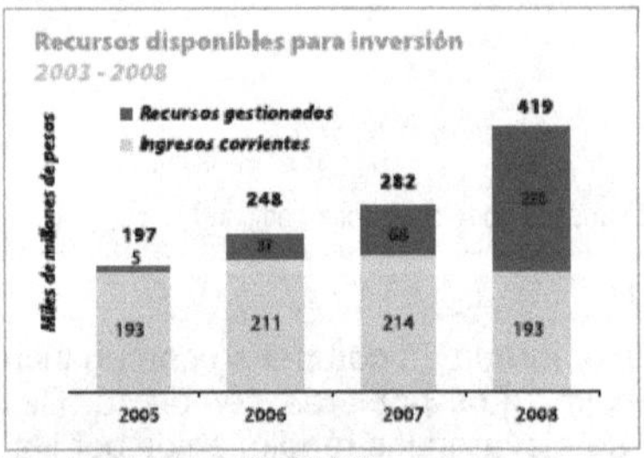

Fuente: Federacafé (2008)

Gráfica 18. Recursos disponibles de la Organización cafetera para inversión. 2003 -2008.

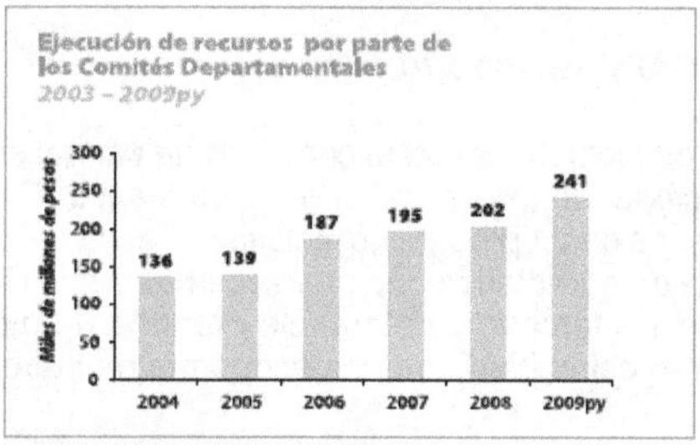

Fuente: Federacafé (2008)

El patrimonio del FNC desde 2002 hasta 2008 muestra una tendencia de viabilidad financiera como lo muestra la siguiente gráfica:

Gráfica 19. Patrimonio del FNC 2002-2008.

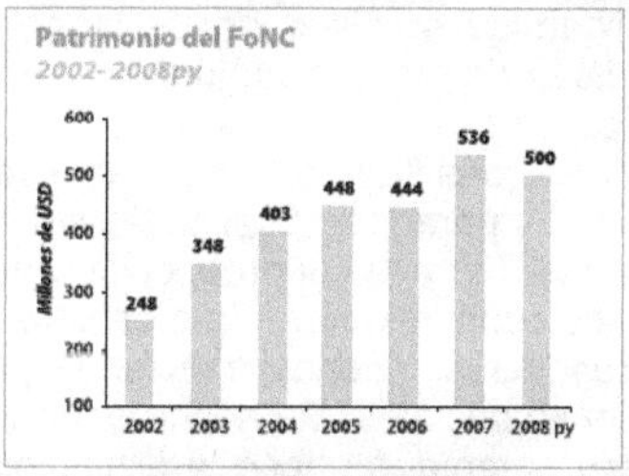

Fuente: Federacafé (2008)

En este Capítulo se revisaron las funciones, la estructura administrativa y financiera de la Federación Nacional de Cafeteros de Colombia, Federacafé. Se presentó el Fondo Nacional del Café, FNC como una cuenta especial de recursos parafiscales, financiada por los mismos productores con sus contribuciones cafeteras, que permite establecer precios de sustentación para los productores cafeteros y financiar bienes y servicios en beneficio de la producción.

De igual manera se revisaron los indicadores de área, producción y rendimiento en los últimos años y la variación de los precios entre 1916-2008.

El análisis de los indicadores de producción permite ver un deterioro de la producción y una caída muy importante en el área sembrada. Este deterioro trajo igualmente un deterioro en el capital acumulado del FNC como capital social. La recuperación de la producción permitió una recomposición del capital social del FNC.

En el siguiente Capítulo se realiza una caracterización del capital social desde el punto de vista teórico y como un caso aplicado al modelo organizacional de los caficultores.

5. CARACTERIZACION DEL CAPITAL SOCIAL.

Este capítulo presenta una aproximación teórica al concepto de capital social y una aplicación al modelo organizacional de los caficultores colombianos. Para hacerlo se hace una revisión teórica de los conceptos de organización, e interacción social. Se propone un nuevo modelo para caracterizar las interacciones sociales y modelo para describir la interacción en el mercado cafetero. Se propone un modelo para describir el capital social cafetero colombiano en una economía de mercado.

5.1. La organización en la teoría económica.

Hace bastante tiempo que la ciencia económica dirigió su atención hacia el estudio de las relaciones e interacciones de los individuos y la manera como las personas se agrupan y trabajan bajo diversos procedimientos de coordinación. Cualquier bien o producto de algún nivel de complejidad es el resultado de la agrupación u *organización,* de varias personas que actúan de manera conjunta.

El estudio de las organizaciones humanas constituye un importante marco para analizar la forma cómo actúan los individuos para identificar objetivos comunes y desarrollar actividades complementarias que permiten la producción de complejos bienes y servicios que son proveídos a los consumidores. Este estudio no solo se refiere a las organizaciones económicas, pues muchos conceptos pueden ser aplicados en general a otras organizaciones sociales. De hecho entre los autores que desde tiempo atrás se han dedicado al tema, se hace la distinción entre las organizaciones que tienen como objetivo la obtención de un beneficio económico y aquellas que no lo tienen, como se verá más adelante.

Las organizaciones han sido un tema importante de análisis de un número considerable de autores que han buscado develar la complejidad que encarna el relacionamiento de unos individuos, los recursos que tienen a disposición y la información a que tienen acceso. Los diferentes enfoques sin embargo, tienen un alcance limitado y deben ser tenidos en cuenta dentro de su debido contexto cultural e histórico. Teóricos de la talla de Weber o Marshall no podrían siquiera haber imaginado los cambios radicales que se darían en las sociedades humanas, en términos de los valores, el desarrollo tecnológico y económico, por lo cual sus análisis tienen este limitado alcance. Esta es una breve introducción a los principales conceptos enunciados por los clásicos y teóricos más recientes, a una de las más interesantes áreas del pensamiento económico y multidisciplinario.

La concepción inicial de organización

A finales del siglo XVIII, de Groot (1605[1901]), analizó los fundamentos de la asociatividad entre las personas. De Groot, a partir de las nociones del derecho romano, percibió la forma cómo interactúan los individuos como contratos u obligaciones mutuas simples. Un individuo igual a sus semejantes y con derechos y obligaciones es la base de todas las relaciones comerciales, laborales y sociales.[96] Teniendo en cuenta este concepto entre otros, Rousseau percibió una tensión entre los intereses que devienen de la asociación y los intereses de los individuos como tal. Según él, el problema fundamental de la sociedad consistía en encontrar "una forma de asociación que con la fuerza común defienda y proteja a la persona y la propiedad de cada asociado, y por medio de la cual cada uno, mientras que se une a todos, obedezca únicamente a sí mismo y permanezca tan libre como lo era antes".[97] En una época en que prevalecían los sistemas autoritarios en varios lugares del mundo, para Rousseau resultaba fundamental comprender la asociación en la sociedad en sí misma y no en una organización en particular.

Hacia los inicios del siglo XX, refiriéndose a los principios generales de las organizaciones, Pareto (1965[1902]:81) planteó que existe una relación de correspondencia necesaria entre éstas y los miembros que las componen, pues entre ellas se establece un estado de equilibrio de las fuerzas de acción y reacción de las unas sobre las otras. Es decir que el sistema económico y de gobierno de un pueblo es el resultado de los caracteres de los individuos pero además estos caracteres se modifican por la intervención de los sistemas enunciados.

Como lo menciona Coleman (1979)[98], Weber fue el primer teórico que conceptualizó las organizaciones formales. Efectivamente él concibió las organizaciones como una relación social cerrada o que limita la admisión de agentes externos y sus regulaciones se hacen cumplir por individuos específicos. Weber[99] tipificó las organizaciones económicas así: i) las *organizaciones activas económicamente*, si su acción[100] primordial organizacional no económica relacionada con su objeto, incluye una actividad económica; ii) las *organizaciones económicas,* si su acción organizada, regida por un orden, es principalmente una acción económica auto determinada[101] de cualquier clase; iii) las *organizaciones reguladoras económicas,* si la acción económica auto determinada está

---

[96] Groot, Hugo de (1625[1901]). *The rights of war and peace.* Walter Dunne, Washington.
[97] Rousseau, J.J. (1997*). El contrato Social*, Bogotá, Panamericana.
[98] Weber (1978: 48) citado en Coleman (1979: 80),
[99] Weber (1978: 40)
[100] Weber señala que "una acción se dice "económicamente orientada" en tanto que, de acuerdo con su significado subjetivo, está relacionada con la satisfacción por el deseo de "utilidades". "Acción económica" es cada ejercicio pacifico bajo control de un actor sobre unos recursos los cuales están en su objeto principal orientados hacia fines económicos". Weber (1978:63). (Traducción del autor).
[101] Weber coloca en su texto "*auto cefálica*" queriendo denotar auto-dirección.

directamente relacionada con el objeto de gobierno del grupo; y iv) las *organizaciones para hacer cumplir el orden formal*, si su objeto es principalmente, por medio de reglas formales, el de promover las actividades económicas auto determinadas y autónomas de sus miembros y las ventajas económicas correspondientes.

Al primer tipo corresponden según Weber el estado (exceptuando los de tipo comunista y socialista) y las demás organizaciones como iglesias y asociaciones voluntarias, si manejan sus propios asuntos financieros. Al segundo tipo corresponden no solo las corporaciones de negocios, las asociaciones cooperativas, carteles, sociedades, sino todos los establecimientos económicos permanentes que involucran las actividades de un número plural de personas. En el tercer tipo se encuentran las asociaciones medioevales en los pueblos, gremios, asociaciones comerciales, las asociaciones de empleados y otros grupos, cuyas autoridades ejecutan políticas económicas que buscan regular tanto los fines como los procedimientos de la actividad económica. En el cuarto y último tipo, coloca por ejemplo al estado no interventor o de "laissez faire", que deja libre la actividad económica entre los individuos y solo interviene para definir las disputas surgidas del pleno cumplimiento de las obligaciones contractuales.

Weber, según Coleman (1978)[102], habría concebido las organizaciones como una estructura, con un único propósito en su tope superior, y varias dependencias, departamentos y divisiones, como partes de una máquina diseñada expresamente para implementar su propósito. Las personas bajo esta óptica eran vistas únicamente como engranajes dentro de una maquinaria, pues como lo señaló Weber carecían de propósito o voluntad.

Barnard a su vez definió las organizaciones como "el o los sistemas de actividades o fuerzas coordinadas conscientemente de dos o más personas". De igual manera planteó que la estabilidad de una organización depende de su propia capacidad para proveer los incentivos o alicientes suficientes a los individuos, de tal manera que ellos encuentren más deseable hacer parte de la organización que retirarse de ella.[103]

La formalización del concepto de organización

Simon (1952)[104], a quien la ciencia económica le debe la formalización del concepto de organización, diferenció entre la Teoría de la Firma (Teoría F) y la Teoría de la Organización (Teoría O). La primera se refiere a la forma clásica en la cual tan sólo

[102] Coleman (1978: 80)

[103] Barnard citado en Sunder (2005:38). Es interesante mirar la relación de autodeterminación y autonomía que impera en un a organización, lo que nos recuerda lo plantado por Weber.

[104] Simon (1952: 40),

un individuo de la organización, es tratado explícitamente como individuo racional. Los otros participantes, como los empleados, clientes y proveedores se involucran únicamente de manera implícita y únicamente en condiciones pasivas, que el empresario ajusta en búsqueda de una solución que le parece óptima. En esta visión, estas condiciones pueden ser el precio del factor trabajo o los planes de demanda o de ingreso.

En la segunda, planteada por Barnard[105] en su libro *Las Funciones del Ejecutivo*, y formalizada por Simon[106] se ve a los participantes de una manera más simétrica, pues a cada participante se le ofrece un *incentivo* por su participación en la organización, y a través de su participación el realiza *contribuciones* a la organización. Desde esta teoría, las contribuciones de los participantes se pueden pensar como factores y los incentivos que les son ofrecidos como productos; de esta manera la organización transforma las contribuciones de sus miembros en incentivos, que son distribuidos entre los miembros de esta.

Ya desde Barnard se sabía que un individuo seleccionado de una organización cualquiera, involucra un gran grado de complejidad muy grande, pues a la vez que es miembro de esa organización lo es también de su familia, de la de su esposa, de una comunidad local, de un país, etc., que, a su vez, también son organizaciones. Por lo cual cuando se hace referencia a ese individuo en esa organización, se hace referencia a un aspecto particular del individuo y no al individuo mismo, pues este puede ser agente en varias organizaciones y/o empresas.[107]

Marshall (1963)[108] expresó que al interior de una organización se produce un aumento de la eficiencia del trabajo: la especialización, la división del trabajo y la coordinación, son las raíces de esta eficiencia. El trabajo en *equipo*, realizado en organizaciones de diverso tamaño, genera este incremento de la eficiencia, que no puede después ser descompuesto en partes menores para calcular los aportes.

Un equipo de producción es una producción en la cual se usan distintos tipos de recursos, el producto no es una suma de resultados separables de cada recurso cooperante y en la cual no todos los recursos pertenecen a una misma persona.[109] Por cuanto el equipo de trabajo le agrega valor de una manera no cuantificable a bajo costo (pues habría que ocupar de esa labor a otras personas capaces de identificar las contribuciones de cada agente) de una manera más eficiente se asigna un administrador o monitor que vigile el desempeño de los miembros del

[105] Citado en Simon (1952:41). Barnard, Chester I. (1936). The functions of the executive. Cambridge, Harvard, University Press.
[106] Simon (1952:41)
[107] Citado en Simon (2005:41).
[108] Marshall (1963:202).
[109] Alchiam, Armen and Harold Demsetz (1972). Production, Information Costs, and Economic Organization. The American Economic Review, Vol. 62, No. 5 (Dec.), 777-795.

equipo y su propio desempeño. El costo de este manejo administrativo en todo caso es menor al costo de medir la productividad marginal de cada uno de los miembros del equipo.[110]

De esta relación se explica la existencia de coordinadores o monitores que vigilan las contribuciones de los demás miembros a la organización. Sunder anota como

> "el conjunto de contratos da a cada participante el derecho a recibir recursos de la empresa. ...[este] titulariza a cada participante para recibir recursos de la empresa. Cuando es difícil realizar la medida directa de la contribución de un agente, los derechos se fijan anticipadamente haciéndose por lo tanto independientes de la medida de la contribución o se fijan para depender de medidas substitutas, como alguna medida de producción."[111]

Alchiam y Demsetz (1972)[112] vieron la empresa como una estructura contractual que comparte las contribuciones a la producción, en la cual son varios los poseedores de las contribuciones, hay una parte que es común a todos los contratos de las contribuciones compartidas. La estructura tiene el derecho a renegociar cada contrato de quienes contribuyen a ella de manera independiente a los contratos de los otros que aportan a ella, y tiene un demandante con derechos sobre el residuo y quien tiene el derecho de, si así lo quiere, vender su estatus de contratante residual.[113]

En esta estructura el agente central es llamado propietario y empleador, y no existe un control autoritario entre los miembros sino más bien un arreglo de una estructura contractual sujeta a una renegociación continua con el agente central. Esta estructura que tiene como objetivo la productividad, remunera a cada miembro del equipo correspondiente lo que le compete.

Simon (1962:xv) se refiere a la organización como "un complejo diseño de comunicaciones y demás relaciones existentes dentro de un grupo de seres humanos. Este diseño proporciona a cada miembro del grupo una gran parte de la información, de los supuestos, objetivos y actitudes que entran en sus decisiones y también una serie de expectativas fijas y comprensibles de los demás miembros del grupo están haciendo y de cómo reaccionarán ante lo que él diga y haga."

De una forma más amplia Robbins ha definido la organización como una unidad económica de coordinación con "fronteras identificables y que funcione de manera

---

[110] Ibid.
[111] Sunder (2005:49).
[112] Alchiam y Demsetz (1972)
[113] Alchian y Demsetz (1972) diferencian entre las siguientes organizaciones: con participación en el beneficio, socialistas, corporaciones, de beneficio común y sin fines de lucro, sociedades y, asociaciones de empleados.

relativamente continua, con miras a alcanzar un objetivo, o un conjunto de objetivos compartidos por los miembros participantes."[114] A partir de esta definición Ménard[115] señala que la organización se caracteriza por un conjunto de participantes, un convenio implícito o explícito sobre ciertos objetivos, una coordinación formal que defina una estructura caracterizada por su grado de complejidad (jerarquía), reglas y procedimientos (formalización) y por su grado de centralización (decisión).

Pero las organizaciones difieren de las instituciones, en cuanto esas son un conjunto de reglas socioeconómicas, establecidas en condiciones históricas, sobre las cuales los individuos, casi no tienen incidencia en lo esencial en el corto y en el mediano plazo. Estas reglas se orientan a definir las condiciones en las cuales podrán efectuarse las elecciones, individuales o colectivas, de asignación y de utilización de recursos.[116]

A su vez, bajo este enfoque los mercados son mecanismos de transferencia de derechos de propiedad.[117]

Retomando la tradición de Barnard y Simon, Sunder (2005)[118] definió la empresa como

> "un conjunto de contratos entre agentes racionales. Los contratos pueden ser explícitos o implícitos, a corto plazo o a largo plazo. Los agentes pueden tener diferentes preferencias y diferentes dotaciones de capital, habilidades e información. Los agentes son racionales en el sentido que, dentro de las restricciones de sus oportunidades e información, ellos no eligen cursos de acción menos deseables frente a los más deseables.
> Los agentes suscriben contratos para mejorar su participación. Los contratos obligan a cada agente a aportar recursos –capital, habilidades o información– al fondo común de la organización y, en contraprestación, ésta le otorga el derecho a cada agente de recibir recursos del fondo común. La forma, la cantidad y la elección del momento oportuno en que un agente da y recibe los recursos es tema de negociación entre los agentes.
> ......
> Las contribuciones y los alicientes pueden ser económicos o no económicos. Una teoría general de las organizaciones debe considerar ambos, como lo hacen Barnard y Simon."

[114] Stephen Robbins citado en Ménard (1997: 20).
[115] Ménard (1997: 20)
[116] Ménard (1997: 22). Según este autor las instituciones deben considerarse como dadas, y no constituyen un objeto de estudio por parte de la economía (Ibíd.).
[117] Ibid.
[118] Sunder (2005:40)

En esta concepción, como lo anota Sunder, cada agente es tomado como racional, pero su conjunto de elección se amplía a alicientes tanto económicos como no económicos. Además, él explica que el que un agente se vincule a una organización o empresa depende de lo que ésta tenga para ofrecerle y de lo que él o ella quiera conseguir. Su posición como agente racional le permite valorar lo que la organización pueda ofrecerle y hacer la mejor elección disponible. Esta visión incluye los diferentes tipos de contratos que pudiera haber dentro y fuera de la organización, de proveeduría, venta, compra, etc.[119] Una vez establecidos estos contratos, los agentes pueden encontrar nuevas opciones elegibles, frente a las cuales de manera racional el agente elegirá nuevamente.

La noción de *contrato* debe ser analizada en un amplio contexto es decir como acuerdos o *convenios* entre las personas que se establecen a través de unas determinadas relaciones sociales. Pero los individuos y las organizaciones que conforman no tienen exclusivamente una función económica.

Según Knight (1951) las organizaciones económicas tienen cinco funciones a saber:

a) fijar normas sociales. Más allá de la percepción de la simple medición física de la eficiencia, se encuentra la definición de lo que es *útil* y aquello que no lo es;
b) organizar la producción, que involucra la asignación de las fuerzas productivas y materiales disponibles entre las diferentes actividades industriales y la coordinación de varios medios de producción en cada actividad, en grupos tales que produzca el mejor resultado;
c) distribución, unida a la producción y la cual estimula la eficiencia;
d) sostenibilidad económica y progreso, que es una función de largo plazo;
e) ajustar el consumo en el corto plazo.[120]

La visión de las empresas como organizaciones les confiere responsabilidades en el contexto de la sociedad y no exclusivamente dentro de su campo de incidencia comercial. Por otro lado, más allá de la visión clásica de la Teoría F, un administrador tiene grandes responsabilidades a la hora de la toma de decisiones que afecta en conjunto a la sociedad.

Este enfoque de las organizaciones tiene una estrecha relación con la contabilidad, pues a través de ésta se definen las contribuciones y derechos de cada uno de los miembros contratantes de la empresa o la organización. A medida que la organización se hace más compleja por su tamaño, la ubicación de sus activos y la

---

[119] Sunder Op.Cit.
[120] Knight, Frank (1951). "The Economic Organization", N.Y. A. Kelley. Citado en Parsons (1961 :454).

captación de sus contribuciones, se requiere de herramientas cada vez más complejas, que valoran estos aportes y derechos y que viabilizan la continuidad de la empresa.[121]

Las relaciones intra e inter organizacionales

Coase (1937)[122] vio la empresa como una organización social que minimiza los costos de transacción, con la creación de mecanismos de coordinación dirigidos por el empresario. Esta organización debe su existencia al hecho que el mercado por sí solo no puede ajustar estos elementos de coordinación. Esta deducción de costos origina unas determinadas formas organizacionales que es lo que vemos en el mundo real (divisiones, integraciones).

Hacia el exterior de la empresa existe entonces una estrecha relación, entre el mercado, los precios y las formas organizacionales, dadas las determinadas decisiones que debe adoptar un empresario en la búsqueda de la eficiencia y la minimización de los costos de transacción.

Hacia el interior de la organización hay igualmente una gama considerable de problemas que surgen de la implementación y la interacción continua entre los agentes. Barnard[123] ya había identificado la problemática existente en la organización a través de las formas en que se relacionan los agentes. Un sistema económico puede ser conflictivo, si los individuos que a él pertenecen tienen objetivos que no son conjuntamente consistentes. Por otro lado pueden encontrarse sistemas cooperativos en los cuales los individuos actúan de manera racional en el nombre de un objetivo común. Como lo señala Williamson (1990:12) el problema de la organización consiste en como transformar un sistema conflictivo (político) en un sistema cooperativo (racional). Sin embargo puede haber sistemas no cooperativos (racional) como los equilibrios de Nash.

Williamson (1975)[124] estableció una estructura que llamó de las fallas organizacionales. En ella planteó que: a) Los mercados y las empresas son instrumentos alternativos para complementar un conjunto relacionado de transacciones; b) el que un conjunto de transacciones sea ejecutado a través de los mercados o en una empresa depende de la eficiencia relativa de cada una de ellas; c) los costos de redactar y ejecutar contratos complejos a través del mercado varía con las características de los tomadores de decisiones involucrados en la transacción por un lado y por el otro de las propiedades objetivas del mercado; y 4) aunque los factores humanos y ambientales que impiden los intercambios entre las

[121] Al respecto ver Sunder (2005).
[122] Coase (1937)
[123] Citado en Williamson, (1990: 12).
[124] Williamson (1975: 8)

firmas en un mercado se manifiestan de algún modo diferentemente dentro de las firmas, se aplica a ambos el mismo conjunto de factores.

Simon (1991)[125] mostró como al observar hacia el interior de las organizaciones, con una perspectiva más amplia se podrían revelar los conflictos de intereses que existen entre los diversos agentes a saber, propietarios, ejecutivos y empleados pues no todos tienen idénticas motivaciones. A este respecto el señaló cuatro fenómenos organizacionales como son la autoridad, las gratificaciones, la lealtad e identificación con los objetivos organizacionales y la coordinación.

En relación a la *autoridad* o las *relaciones laborales*, planteó[126] que al interior de las organizaciones es necesario delegar para transmitir criterios para la toma de decisiones en vez de delegar tareas específicas, de tal manera que los agentes al interior de la organización puedan tomar las decisiones más adecuadas en el momento adecuado. Este proceso a su vez retroalimenta la toma de decisiones para la reasignación de nuevos criterios. Los subordinados dejan de ser entonces elementos pasivos para convertirse en agentes que toman decisiones en su respectivo nivel en la estructura organizacional en procura de la competitividad y eficiencia de la firma.

El segundo aspecto, el de las *gratificaciones* e incentivos, es utilizado en las empresas para motivar el desempeño individual y elevar la productividad. Para esto se requiere que sean medibles o cuantificables los resultados de cada sub organización y que sean redistribuidas las gratificaciones de forma adecuada. Este mecanismo sin embargo puede ir en detrimento de la productividad si no se siguen rigurosamente las normas de calidad de la empresa. Según lo explica Simon (1991)[127], la conformación de grandes corporaciones en los Estados Unidos en la época posterior a la II Guerra mundial tiene explicación porque estas dividieron sus organizaciones en componentes relativamente autosuficientes sobre las cuales se podían hacer evaluaciones y calcular los incentivos otorgados.

El tercer aspecto que señala Simon es el de la *lealtad* o la *identificación con los objetivos organizacionales.* Él consideraba este elemento como una motivación esencial para los empleados. Al interior de la organización los intereses de los individuos se subsumen dentro de los de esta como lo expresa Simon (1993: 159). Simon (1991) expresó cómo "entre las más importantes lealtades de la sociedad moderna se encuentra la lealtad a las organizaciones: (...)[estas] son los principales jugadores de las economías modernas, la identificación de los empleados y ejecutivos con las metas de las compañías y subunidades juegan un rol principal en la motivación económica".

---

[125] Simon (1991:29)
[126] Simon (1991: 32)
[127] Simon (1991:33)

Un cuarto elemento se relaciona con la *coordinación*. En las organizaciones, a través del mecanismo de autoridad, se conciben procedimientos para coordinar las actividades de grupos de individuos de formas que los mercados no logran hacer fácilmente. Para Simon (1991:38) la mejor forma de utilizar la autoridad, es para la coordinación del comportamiento de los individuos promulgando normas y reglas que permiten a los actores formular expectativas más estables acerca del comportamiento del ambiente en el que se encuentran, incluyendo el comportamiento de otros agentes. Esta labor no la puede hacer el mercado.

Según Simon [128]

> "los intentos de la nueva economía institucional para explicar el comportamiento organizacional solamente en términos de agencia, asimetrías de información, costos de transacción, oportunismo, y de otros conceptos derivados de la economía neoclásica, ignoran los mecanismos organizacionales claves como la autoridad, la identificación y la coordinación, y son por lo tanto severamente incompletos.
> Esta teoría de las organizaciones requiere reexaminar algunos de los aspectos clásicos de política económica. La primacía del beneficio como el elemento que se hace cumpla la eficiencia organizacional es reemplazada por metas organizacionales, que combinado con las identificaciones organizacionales, las gratificaciones materiales y la supervisión, motivan a los empleados a trabajar para alcanzar estas metas. Este marco de referencia hace necesario reabrir las preguntas de, cuando se espera que operen bien las organizaciones con beneficio residual, sin beneficio residual y las gubernamentales, y cuando es necesaria la competencia de mercado para disciplinar a las organizaciones para que se desempeñen eficientemente."

Últimamente y a partir de estas ideas originales, la teoría ha acumulado un gran volumen de trabajos que en cada una de las diferentes áreas han ayudado a clarificar los principales problemas que se encuentran al interior de las organizaciones.

5.2. Interacciones sociales.

Simon (1953, p. 664) planteó hace más de medio siglo cómo, para hacer comparaciones interculturales, se deben tener en cuenta dos elementos esenciales: " a) la similitud fundamental (técnicamente un "isomorfismo") entre los dos objetos a comparar; y b) una descripción de las similitudes y diferencias entre los elementos similares en los dos objetos comparados. Sin el primer elemento el segundo carece de significado." La similitud, o isomorfismo, como lo plantea Simon no requiere ser

[128] Simon (1991:42)

estructural pues puede ser también funcional. Sin embargo, establecer las características estructurales de un grupo de agentes involucra grandes complejidades, las cuales se relacionan con cada uno de los conjuntos de la actividad humana que se tienen en consideración.

En el momento histórico actual en el cual las organizaciones sociales y económicas emergen en todas las áreas específicas de la cultura, resulta interesante indagar acerca de los significados, recursos y reglas que gobiernan a estas organizaciones.

Estas interacciones específicas pueden ser explicadas como relaciones entre las personas, las cuales a través del tiempo devienen formales y continuas, a partir de la relación entre dos personas, la unidad mínima de relación social. La literatura expresa un gran interés en el análisis de las interacciones económicas desde diferentes puntos de vista. Bruni (2004) por ejemplo, realizó una revisión de las relaciones sociales en la teoría económica y los vínculos entre las relaciones interpersonales y el bienestar y la felicidad; Degli Antoni (2005:1) hizo énfasis en las relaciones sociales, especialmente en su relación con el crecimiento económico, el desempeño gubernamental, la educación y el desarrollo financiero. Este autor estableció una distinción entre las relaciones interpersonales formales y las informales, caracterizando las primeras como aquellas relaciones sociales que establecen los agentes al interior de algún tipo de institución formal y las últimas como aquellas que los agentes establecen por fuera de las instituciones formales.

En su Teoría de los Sentimientos Morales, Adam Smith (1790: P. I, S.I, Ch. I-III) consideró que no importa que tan egoísta sea un hombre hay evidentemente en él algunos principios en su naturaleza, que se interese en la suerte de los demás, y hacen la felicidad de ellos necesaria para él, aunque no se derive de ella nada para él salvo el placer de verlo. Smith (1790, I; I; I) plantea que no es posible para nosotros tener una experiencia inmediata de lo que los demás sienten. No podemos más que concebir lo que nosotros mismos sentiríamos en tal situación.

Para entender la realidad los individuos, construimos representaciones abstractas de ésta, analizadas desde nuestro propio punto de vista. Berkeley (([1734]2002, p.3) planteó el hecho de que la realidad y el mundo físico se derivan de la conciencia del individuo. De este modo podemos entender, como lo hace Lloyd (1999:13), que la realidad no es exclusivamente física.

Smith (1904, I.1.2:1-3) por otro lado, refiriéndose a las relaciones económicas, planteó como la división del trabajo es una consecuencia necesaria de la propensión del ser humano a realizar intercambios. Esta propensión es el fin pero no el medio gracias al cual el hombre intercambia. El medio son las interacciones sociales que establecemos para obtener de los otros la satisfacción de nuestras necesidades.

A nivel industrial, la producción y el intercambio adoptan una compleja severidad por lo que para obtener y tranzar una mercancía en una industria se requiere el desarrollo de múltiples acciones individuales que implican el establecimiento de numerosas relaciones sociales en diferentes niveles o categorías.

Smith (1904:1.2.4), de igual manera resaltó la importancia de los hábitos, las costumbres y la educación, en la forma en que los individuos establecen su disposición en la sociedad. Comenzando a partir de una estructura comparable, los individuos por efecto de la división del trabajo adquieren a través de la educación competencias, capacidades e información para así poder ocupar una posición en cualquier clase de organización a la que ella o el pertenezcan: un portero en un hotel o un filósofo en una universidad.

Marx (1859, p.81) estableció en su *Grundisse* cómo "Los individuos que producen en la sociedad- y por lo tanto la producción individual socialmente determinada – es, por supuesto, el punto de partida." Sin embargo la producción y las actividades de intercambio, son sólo un tipo de interacción. Las interacciones y relaciones sociales que establecen los individuos los habilitan para obtener y desarrollar un rol productivo u otros roles en la sociedad.

Como miembros de determinadas organizaciones, los humanos establecemos contratos o acuerdos por medio de las relaciones sociales que determinan sus derechos y deberes en la organización. Sin embargo, estas organizaciones pueden ser productivas o de otra índole.

Sunder (2005) afirma que las organizaciones son conjuntos de contratos, formales o informales, entre los individuos que componen esas organizaciones.

Marx (1859:81) tenía conocimiento que los humanos somos socialmente dependientes y que nuestros productos culturales provienen de una forma organizacional. Marx (1906, T. I, Cap. II, 123), por otro lado expresó que lo que aparece como una relación entre cosas, bienes u objetos son claramente relaciones entre personas. Cuando Marx se refirió al fetichismo de las mercancías pone en evidencia que, aun cuando las acciones sociales y las relaciones sociales (incluidas las relaciones sociales de producción) son relaciones entre individuos, aparecen ante nuestros ojos como relaciones entre cosas que esconden el verdadero significado de las relaciones laborales y económicas.

Kosík (1983:206) planteó la necesidad de investigar que es la realidad y como se forma la realidad humano –social. Weber (1978), apartándose de los utilitaristas, hizo referencia a los *motivos de los individuos* y explicó como sólo a través de la comprensión de los significados de los motivos correspondientes a individuos reales y típicos, se podían explicar modalidades empíricas de actuación en relación con las condiciones de la situación de la acción. Weber le dio gran importancia a los sistemas de significado cultural y abrió la puerta para correlacionar los sistemas ideales y los materiales e indagar sobre su interdependencia. De igual manera mostró la relación que existe, a partir de la realidad de los *intereses* materiales, entre las personas y los grupos: por lo cual para hacer un análisis sistemático de la acción deben analizarse los sistemas sociales unidad por unidad como mantenedores de intercambios entre sí, unidades que constituyen actuaciones o sanciones según el punto de referencia que tengan (transmisor o receptor).

Durkheim (1912), expresó que existen distinciones claras entre los sistemas sociales y personales pues según él la sociedad es una realidad *sui generis*. Durkheim consideró que a) existe una calidad distintiva de los objetos sociales; b) que el medio social impone exigencias normativas al individuo y le sancionan según le satisfagan o no. La estructura de este medio social, especialmente su componente normativo (parte de un sistema cultural determinado), llega a quedar interiorizada en la personalidad del individuo. Es así que este autor desarrolló el concepto de "representaciones colectivas" que expuso en su análisis de la religión.

Weber (1978:26) utilizó el término relación social para "representar el comportamiento de una pluralidad de actores en la medida en que, en su contenido significativo, la acción de cada uno tiene en cuenta aquella de los demás y se orienta en estos términos. La relación social consiste, pues, plena y exclusivamente en la existencia de una probabilidad de que habrá un curso significativo de la acción social- con independencia, por el tiempo dado, de la base de esta probabilidad. Weber (1978:41) también estableció una diferencia entre las relaciones sociales comunitarias, entendidas como la orientación de acciones sociales que se basan en sentimientos subjetivos de las partes involucradas, sean eficaces o convencionales, y relaciones sociales asociativas, entendidas como la orientación de acciones sociales internas que se soportan en un ajuste motivado racional de intereses o un acuerdo motivado similar para ambas partes, en los que la base del juicio racional son valores absolutos o razones de conveniencia.

Parsons (1975, p.166) muestra que "resulta casi puramente tautológico decir que los fenómenos humanos «sociales» son casos de *interacción* entre dos o más seres humanos concebidos como «personas», «organismos», «yos» o «actores». Puede llegar a considerarse, por tanto, que lo que significa e implica el concepto de interacción y su contexto teórico no es sino algo perteneciente al más simple sentido común. No obstante no es así." Ha habido un reciente interés en la literatura económica especializada en profundizar más en el concepto de lo que es una interacción social.

Ya a partir de Descartes se consideraba un problema cognoscitivo la relación entre el objeto y el sujeto[129]. El objeto humano se comporta y se mueve según deseos y

[129] Parsons (1975), menciona que "hoy en día afirmaríamos que la cognición empírica es una actividad o <<función>> de las personas, que exige para comprenderla el análisis de las estructuras y procesos de las personalidades en virtud de los cuales una variedad de factores se organizan de

necesidades (según Hobbes) que explican su acción. De allí surge la teoría utilitarista, la base teórica según Parsons de la economía. La diferenciación utilitarista parte de las necesidades de los individuos, de las cuales surge la manipulación <<racional>> del mundo externo mediante las actividades dirigidas a un fin u objetivo[130]. Los individuos son, desde este punto de vista teórico, actores que intentan satisfacer sus necesidades por medio de la acción. El mercado económico es desde este punto de vista una pluralidad de individuos interactuantes. En este modelo los individuos se motivan por su propio interés, que se constituye en la base del orden normativo en los sistemas sociales.

Parsons (1975:170) expuso cómo el paradigma de la interacción social "se centra en un sistema social generado y compuesto por la interacción de unidades que pueden ser <<organismos con un comportamiento>>, personalidades o diversos niveles de colectividad. No obstante las unidades actuantes se encuentran siempre involucradas en sistemas culturales que expresan, simbolizan ordenan y controlan las orientaciones humanas por medio de sistemas de significados estructurados, compuestos tanto de códigos de significados como de combinaciones específicas de símbolos con contextos concretos".

Igualmente señala como "un sistema de interacción exige como mínimo cuatro aspectos o componentes analíticamente distinguibles: a) un conjunto de <<unidades>> que mantienen interacción unas con otras; b) un conjunto de reglas o de otros factores de <<codificación>>, cuyos términos estructuran tanto las orientaciones de las unidades como la propia interacción; c) un sistema o proceso ordenado o modelado de la propia interacción y d) un medio en el que opere el sistema y con el que se produzcan intercambios sistemáticos.

Parsons (1975:170) expone que el concepto de interacción es el paso de primer orden más allá del propio concepto de acción para formular un concepto de ***sistema social***:

> "Al hablar de acción se dan por supuestas unas motivaciones significativas y un encaminamiento a una meta u objetivo. Las metas u objetivos incorporan una forma simbólica a nivel cultural. Hay dos puntos de referencia para analizar la interacción: a) cada actor es tanto un agente de actuación como un objeto de orientación para sí mismo y para los demás; b) como agente actuante se orienta hacia sí mismo y hacia los otros y como objeto tiene significado para sí mismo y para los otros en todos los aspectos o modalidades primarias. El actor es un conocedor y objeto de conocimiento, un utilizador de

---

manera que facilitan la <<consecución del conocimiento>> como un resultado-meta de los sistemas de personalidad".

130 Respecto al problema de la racionalidad económica, Sen realiza un análisis del concepto de racionalidad en economía a partir del Mathematical Psychics de Edgeworth quien, coloca como eje central de su investigación y de la economía el egoísmo. (Sen:1976, p.316)

medios instrumentales y un medio él mismo, vinculado emocionalmente a los demás y objeto de vinculación, evaluador y objeto de evaluación, un intérprete de símbolos y él mismo un símbolo".

Hay una doble contingencia en la interacción. Según Parsons la teoría de juegos constituye un análisis perfeccionado de esta doble contingencia. La interacción de un sistema interactivo es una base compartida de orden normativo que controla las potencialidades de perturbación de la autonomía de las unidades, como si estuviese guiando las acciones independientes por canales que por medio del reforzamiento mutuo incrementan la capacidad de autonomía del sistema global, así como de sus miembros unitarios.

Interacciones sociales y economía

El propósito de esta sección es presentar recientes aportes que se han hecho para la descripción de las interacciones sociales en el campo de la teoría económica.

En el marco de la Nueva Economía Social[131] y con el objetivo de estudiar las interrelaciones Durlauf y Young (2001:1) desarrollan un sistema dinámico que parte del supuesto que hay una influencia de las elecciones de los demás sobre los individuos. Ellos plantean que "debido a que la gente suele tomar decisiones de forma secuencial, existe un circuito de retroalimentación desde las elecciones pasadas de algunas personas hasta las elecciones futuras de otros."

El sistema planteado, tiene unas particularidades especiales pues como lo señalan los autores tiene un "aspecto y una sensación" diferente a los característicos de los modelos económicos. El sistema, que tiene como objetivo la identificación de propiedades agregadas o de largo plazo, exhibe un comportamiento que se aleja de los estados estacionarios a la vez que se mantiene la individualidad y heterogeneidad de los agentes.

Durlauf y Young (2001:4) plantean un modelo de interacción basado en la maximización de la utilidad a partir de la suma de los pagos privados y los pagos sociales.

Por otro lado Blume y Durlauf (2001:18) establecieron un modelo de aproximación con base en interacciones. El objetivo de estos modelos es el de entender "el comportamiento de una población de agentes económicos, más que el de un solo

[131] Durlauf y Young se refieren a la *Economía Social* como una teoría que resulta por un lado de los de los conocimientos de la sociología para la conceptualización del rol de las influencias sociales sobre las preferencias de y la cognición de los individuos y por el otro de los métodos de la economía que permiten modelar formalmente el comportamiento agregado como resultado de las decisiones individuales cuando estas decisiones se realizan de manera interactiva. Durlauf y Young denominan esta nueva área como *Social Economics*.

agente. El foco del análisis está sobre el papel de las externalidades a través de los actores en la determinación del comportamiento amplio de la población. Estas externalidades son a su vez la fuente de las interacciones. Estas interacciones son directas. El problema de decisión de cualquier actor se toma como parámetro de las decisiones de otros actores."

Por su parte Glaeser y Scheinkman (2001:82) buscando medir las interacciones sociales plantearon un modelo alternativo de interacciones locales que maximiza la utilidad de la acción de un individuo que está influenciada por un shock idiosincrático y por las acciones de sus vecinos.

Un punto de vista diferente han planteado Holland y Miller (1991) con el enfoque conocido como de los Agentes Adaptativos Artificiales (AAA). Estos autores plantean que este tipo de agentes se pueden "testear" y definir en diversos tipos de mundos que evolucionan a través de periodos amplios de tiempo. Como resultado según lo muestran, tienen Sistemas Adaptativos Complejos que pueden ser analizados computacionalmente y analíticamente. Estos sistemas son complejos pues: i) consiste de una red de agentes que interactúan; ii) exhibe un comportamiento agregado dinámico que emerge de las actividades individuales de los agentes; iii) su comportamiento agregado puede ser descrito sin un detallado conocimiento del comportamiento de los agentes individuales.

Un agente de este sistema es adaptativo si satisface dos criterios adicionales a saber: a las acciones del agente en su entorno le pueden ser asignadas un valor (actuación, utilidad, adaptabilidad, pagos, o algo semejante); el agente se comporta de tal manera que se incremente este valor con el tiempo.

"Un sistema adaptativo complejo, entonces, es un sistema complejo que contiene agentes adaptativos, conectados en red de tal manera que el medio ambiente de cada agente adaptativo incluye otros agentes en el sistema." (Holland y Miller:1991).

Las anteriores propuestas teóricas planteadas se restringen al campo de la economía y su relación con la utilidad lo cual las hace difícilmente generalizables con *cualquier* tipo de interacción social.

Bourdieu (1997:48), basado en el poder, propuso un marco que denominó "espacio social" o "campo" de fuerzas. Igualmente describe un capital "simbólico" como la propiedad percibida por los agentes sociales, propiedad que responde a las expectativas colectivas de los individuos (1997:171). Veía que las

> "sociedades se presentan como espacios sociales, es decir estructuras de diferencias que sólo cabe comprender verdaderamente si se elabora el principio generador que fundamenta estas diferencias en la objetividad. Principio que no es más que la estructura de la distribución de las formas de

poder o de las especies de capital eficientes en el universo social considerado — y que por lo tanto varían según los lugares y los momentos. Esta estructura no es inmutable, y la topología que describe un estado de las posiciones sociales permite fundamentar un análisis dinámico de la conservación y de la transformación de la estructura de distribución de las propiedades actuantes y, con ello, del espacio social. Es lo que pretendo transmitir cuando describo el espacio social global como un campo, es decir, a la vez como un campo de fuerzas, cuya necesidad se impone a los agentes que se han adentrado en él, y como un campo de luchas dentro del cual los agentes se enfrentan, con medios y fines diferenciados según su posición en la estructura del campo de fuerzas, contribuyendo de este modo a conservar o a transformar su estructura" (Bourdieu 1997:48).

Bourdieu (1997:17) ilustró el espacio social en un diagrama en el que situaba los grupos sociales dada su decisión de voto y su capital global. De acuerdo a las dotaciones de capital físico y cultural de los individuos se podía según Bourdieu caracterizar una sociedad.

El modelo de Bourdieu, al definir el espacio social, se refiere a la relación entre el capital, y las formas de poder, lo cual también es restrictivo pues deja otro tipo de interacciones sociales más simples fuera del campo de análisis.

En la siguiente sección se presenta un modelo de interacción social general basado en los recursos, la información y la capacidad de resolver problemas de los agentes. Este modelo es generalizable para todo tipo de interacción social y no sólo se refiere a interacciones económicas ni relaciones de poder.

Un modelo alternativo para la caracterización de las interacciones sociales.

Los sistemas de interacción descritos en la sección anterior establecen marcos comparativos para los agentes en el campo de la teoría económica y las formas de poder. Sin embargo más allá de los conceptos de utilidad y poder, las comparaciones se deben realizar mediante la utilización de unidades comunes mínimas que puedan compartir todos los agentes de tal manera que pueda establecerse una comparación entre ellos. Sunder (2005) utiliza una definición de organización en que los agentes están dotados de capital, habilidades e información. Estas tres variables al ser observadas en el marco de un sistema, proporcionan un marco comparativo para cualquier tipo de organización social.

Como resultado de esta investigación, es posible proponer un nuevo modelo aplicable a un gran número de las interacciones humanas sean económicas o no. Se plantea un modelo alternativo para la descripción y caracterización de las interacciones sociales, que involucra tres dimensiones: recursos, información y heurística. En este se describe una nueva caracterización del concepto de *espacio social* a partir de las dotaciones de los agentes individuales en el contexto de una organización social.

Para el efecto consideremos lo siguiente:

- Sea *R* el conjunto de los recursos que están insertos en una organización y un espacio cultural; I la información del individuo acerca de la disponibilidad de los recurso en *R*; *He* la heurística de los agentes.
- Existe una libre movilidad de recursos *R* y de información *I* en la organización social.
- Cada individuo puede ser miembro de cuantas organizaciones sociales pueda hacer parte de acuerdo con la información y los recursos que éstas exijan.
- Por simplicidad se asume que los individuos utilizan un único bien y una única clase de información.
- Las reglas de la organización definen una probabilidad de disponibilidad de *I, R, He* a favor de la organización.

La heurística es un procedimiento o método para resolver informalmente un problema. De acuerdo al Web Dictionary of Cybernetics and Systems (2006) es "un procedimiento o algoritmo para la búsqueda de algo por medio de la exploración progresiva de un terreno desconocido de acuerdo a algún criterio."

Young (2006) define la heurística adaptativa como

> "..reglas simples de comportamiento dirigidas hacia la mejora de rentabilidad, pero que pueden ser menos que completamente racionales. El número y la variedad de tales reglas es prácticamente ilimitada; aquí deberíamos mostrar varios ejemplos destacados de la psicología, las ciencias de la computación, la estadística y teoría de juegos."

Como miembros de las organizaciones a las que pertenecen, como individuos, la posición en esta específica organización en un momento del tiempo podría ser representada como el producto cartesiano de $I \times R \times He$, donde

$I = \{i_1, i_2, i_3, \ldots, i_n\}$ es la información que poseen los individuos,
$R = \{r_1, r_2, r_3, \ldots, r_n\}$ son los recursos que dispone el individuo, y
$He = \{he_1, he_2, he_3, \ldots he_n\}$ es la heurística de los individuos.[132]

De este modo se construye un espacio multidimensional así:

---

[132] El autor agradece la ayuda de Edgar Malagón Alfonso por colaboración en la revisión matemática de los modelos formulados.

$$IxRxHe = \{(i, r, he) \mid i \in I, r \in R, he \in He\} \ (1)$$

Podríamos también decir que *E* = *I* x *R* x *He* es el espacio de los individuos el cual tiene unas dotaciones determinadas de información, recursos y capacidad heurística.

Considere una organización como un conjunto de puntos en un conjunto *X* y sea *F* una función que asigna a cada individuo *x* en la organización *X* un punto en *E* (ver Gráfica 20).

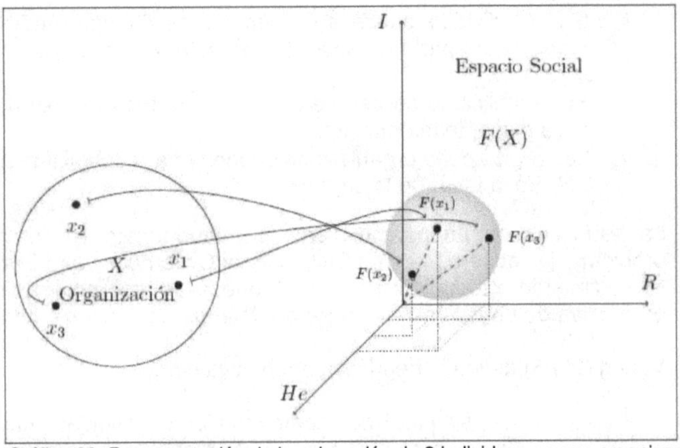

Gráfica 20. Representación de la asignación de 3 individuos en una organización social.

Cada punto en *E* es la representación de la posición social de cada individuo x en una organización. En la Figura 1 se esquematiza cómo a partir de las dotaciones de los agentes pertenecientes a una organización se puede hacer una representación de su ubicación en el *Espacio Social* teniendo como parámetros *R*, *I* y *He*.

Ahora bien, si se consideran todos los subconjuntos del espacio *E* y una función de probabilidad sobre estos subconjuntos, se puede entender que las interacciones sociales son eventos en el que los individuos dotados de una información, recursos y una capacidad heurística desarrollan determinadas acciones al interior de una organización. Si estas interacciones se repiten en el tiempo se constituyen en relaciones sociales.

Dependiendo de la complejidad de cada individuo, él puede ser parte de un número limitado de organizaciones según sus recursos, información y heurística se lo permitan. En cada una de estas organizaciones el individuo no tiene el mismo rol.

De este modo si *X* es una organización, *F(X)* es la representación social de dicha organización que mediante una interacción particular permitirá describir la interacción particular. Dado un agente x_i que pertenece a una organización *X*, la función F puede ser descrita de la siguiente manera:

$$F(x_i) = (Ix_i, Rx_i, Hex_i) \quad (2)$$

donde:

$F: X \rightarrow R^3$
$x_i \rightarrow F(x_i) = (Ix_i, Rx_i, Hex_i)$
Ix_i es la información que posee el individuo *i*
Rx_i son los recursos que posee el individuo *i*
Hex_i es la heurística del individuo *i*

El análisis completo de un fenómeno económico implica: i) caracterización de la organización y de las unidades de He_i, I_i, R_i; ii) descripción de la interacción; iii) modelado del fenómeno económico.

Es posible entender entonces la conocida cita de Barnard en que describe las relaciones sociales de un ingeniero oriundo de Newark que trae Sunder (2005)[133]: cada uno de nosotros pertenecemos a múltiples organizaciones sociales en las cuales tenemos diferentes formas de interacción con otros individuos.

Es posible entender entonces esta conocida cita de Barnard[134] (1938) que trae Sunder (2005):

> "Selecciono al azar un hombre que se identifica principalmente por su relación con la organización con la cual yo también estoy comúnmente identificado. Él es un ingeniero cuya carrera y forma de vida durante muchos años han dependido de esta organización. Sin una investigación específica, yo sé que él también tiene las siguientes relaciones organizacionales: él es (1) un ciudadano de los Estados Unidos, del Estado de New Jersey, del Condado de Essex y de la Ciudad de Newark —cuatro organizaciones con las cuales él tiene muchas obligaciones ineludibles; él es un miembro de (2) la Iglesia católica; (3) los Caballeros de Columbus; (4) la Legión Americana; (5) el Club de Golf Outanaway; (6) el Partido Demócrata; (7) el Club Princeton de Newark; (8) él es un accionista en tres corporaciones; (9) él es la cabeza de su propia

133 Barnard citado en Sunder (2005).
134 Barnard (1938) citado en Sunder (2005).

familia (esposa y tres niños); (10) él es un miembro de la familia de su padre; (11) él es un miembro de la familia de su esposa; (12) a juzgar por su conducta él pertenece a otras organizaciones menos formales (pero a menudo no parece ser consciente de ello) qué afectan la manera como él se viste, cómo él habla, lo que él come, lo que le gusta hacer, cómo piensa respecto a muchas cosas; y (13) finalmente también muestra algunas veces evidencia de "pertenecer" a él mismo ocasionalmente. Para que no se piense que su "principal" relación es la predominante y las otras triviales, puede afirmarse que él consagra nominalmente a ésta menos del 25 por ciento de las 8.760 horas que tiene disponibles aproximadamente al año; y que realmente mientras él piensa que él está trabajando, y a pesar de sus intenciones, él sueña con la pesca, reflexiona respecto a asuntos familiares y repite una parte del juego de bridge de la noche anterior, etc."

Descompongamos estos roles de los individuos de la siguiente manera:

Cuadro 7. Análisis y Desagregación de la caracterización Social de Barnard (1938)

Tipo de Interacción Social	Título	Espacio Social	Aportes	Información	Heurística
Altruistas	Cabeza Familia Nuclear	Familia Nuclear	Bienes y recursos	Información Específica	Capacidad de cumplir las norm de la organización
	Miembro Familia Extensa Padre	Familia Extensa	Bienes y recursos	Información Específica	Capacidad de cumplir las norm de la organización
	Miembro Familia Extensa	Familia extensa Esposa	Bienes y recursos	Información Específica	Capacidad de cumplir las norm de la organización
	Miembro Iglesia Católica	Iglesia Católica	Bienes y recursos	Información Específica	Capacidad de cumplir las norm de la organización
	Miembro Caballeros Columbus	Organización Caballeros Columbus	Bienes y recursos	Información Específica	Capacidad de cumplir las norm de la organización
	Miembro Legión Americana	Legión Americana	Bienes y recursos	Información Específica	Capacidad de cumplir las norm de la organización
Egoístas	Ingeniero empleado	Organización Empresarial X	Bienes y recursos	Información Específica	Capacidad de cumplir las norm de la organización y ganar
	Miembro Club Golf Outanaway	Club Golf	Bienes y recursos	Información Específica	Capacidad de cumplir las norm de la organización y ganar
	Miembro Club Princeton	Club Princeton	Bienes y recursos	Información Específica	Capacidad de cumplir las norm de la organización y ganar
	Accionista Corporaciones	Corporaciones A, B, C	Bienes y recursos	Información Específica	Capacidad de cumplir las norm de la organización y ganar
	Miembro partido Demócra	Partido Demócrata-Grupo de interés	Bienes y recursos	Información Específica	Capacidad de cumplir las norm de la organización y ganar
Territorial/Institucion	Ciudadano EEUU	Unidad Territorial EEUU	Bienes y recursos	Información Específica	Capacidad de cumplir las normas y reglas de la organiza
	Ciudadano Estado New Jersey	Subunidad Territorial New Jersey	Bienes y recursos	Información Específica	Capacidad de cumplir las norm de la organización
	Ciudadano Condado Essex	Subunidad Territorial Essex	Bienes y recursos	Información Específica	Capacidad de cumplir las norm de la organización
	Ciudadano Newark	Subunidad Territorial Newark	Bienes y recursos	Información Específica	Capacidad de cumplir las norm de la organización

Fuente: Elaborado por el autor.

Como integrante de una *empresa* como una organización social, el individuo, puede actuar como un agente racional, pero en la organización *familia* puede actuar de manera altruista. En cada uno de estos espacios u organizaciones sociales el individuo elige el comportamiento (preferencias, racionalidad) y actúa en consecuencia.

El modelo es un marco que puede permitir analizar una gama muy variada de interacciones sociales. Como otra parte de la investigación se hizo uso de este modelo de interacciones sociales en relación con la explotación económica, como se puede ver en Montaña (2010).

Cada organización constituye arreglos sociales entre sus miembros partiendo del concepto de relaciones sociales antes descrito. Estos arreglos se han descrito en la literatura como reglas formales, las cuales pueden cambiar como consecuencia de nuevos arreglos entre los miembros de la organización. Considerando la estructura social de cada organización como Simon lo planteara, es posible comparar dos o más organizaciones sociales. En una sociedad compleja, en la que los individuos pertenecemos a diversas organizaciones e instituciones, existe un número limitado de relaciones que un individuo puede manejar, pues en realidad únicamente tenemos y mantenemos un trato directo con un número determinado de personas.

Adam Smith en el texto de la Riqueza de las Naciones entrelaza estos comportamientos y los unifica. En el espacio *familia* el agente puede tener una racionalidad social tal como la describe Lindemberg (2001). Cada organización constituye arreglos sociales entre sus miembros partiendo del concepto de relaciones sociales antes descrito. Estos arreglos se han descrito en la literatura como reglas formales, las cuales pueden cambiar como consecuencia de nuevos arreglos entre los miembros de la organización.

Las relaciones sociales pueden ser: i) altruistas (familiares y sociales puras); ii) egoístas; y iii) territoriales (las relaciones de los individuos con organizaciones territoriales).

Ahora considerando la estructura social de cada organización como Simon lo planteara, dado que presentan un isomorfismo es posible comparar dos o más organizaciones sociales o dos o más agentes entre sí.

Sin embargo este modelo puede aplicarse a cualquier tipo de organización social y no exclusivamente a una organización económica.

Para que se pueda considerar como una interacción económica es necesario hacer una descripción de la interacción.

En la siguiente sección se describe la interacción productiva que realizan los agentes en un mercado como el cafetero.

5.3. Descripción de la interacción económica

En esta sección se presenta una caracterización de la interacción económica de los caficultores en un mercado. A partir de Choy (2005) se realiza una descripción de la interacción entre los cafeteros las cuales posibilitan la creación de la cuenta del FNC que constituirá el capital social de la organización.

Simon (1962) expuso como "tomando, ..., como tipo, la organización de una empresa, pueden distinguirse tres clases de participantes: los empresarios los empleados y los clientes". Como él lo menciona, ya desde Barnard se había puesto de presente que los clientes son parte integrante del sistema de comportamientos de la organización (1962).

Como lo menciona Williams (2009)

> "Lo que llamamos el mercado de valores es literalmente millones de millones de personas independientes en todo el mundo, que toman decisiones independientes. ..Un ejemplo presentado sencillamente es este: Yo creo o adivino que aumentará el precio de las acciones de AT&T, de manera que quiero comprar cien de ellas. Alguna otra persona puede que piense o adivine que disminuirá el precio de las acciones de AT&T, de manera que él quiere vender sus cien - pero hay un gran problema. Yo no sé donde está él y él no sabe donde estoy yo. No hay porqué sudar al respecto. Hay especialistas que, por un precio, nos juntan a ambos para que podamos hacer la transacción. Los llamamos agentes de bolsa."

Siguiendo la visión de Simon y Williams, se hace una descripción de la red económica cafetera. Para esto se sigue el trabajo de Choy (2005) y su forma de modelar una red.

En el caso de los caficultores, tomados como agentes x_i, la red productiva primaria cafetera se podría plantear que en un mercado cafetero intervienen agentes como *productores* y *compradores* de café. Los productores cafeteros tienen características:

a) Ser productor cafetero directo
b) Tener una superficie cultivada de más de 0.5 Has.

Sea $X_t = \{x_1, x_2, x_3, \ldots, x_m\}$ el conjunto de m agentes de la economía cafetera en el tiempo t.

Sea $A_t = \{v_1, v_2, v_3,\ldots, v_k\}$ el subconjunto de agentes que venden su producción cafetera en el tiempo *t*, para $k \leq m$.

Sea $B_t = \{c_1, c_2, c_3,\ldots, c_l\}$ el subconjunto de agentes que compran la producción cafetera en el tiempo *t*, para $l \leq m$.

Considérese el café como el único bien en esta economía, y sea α_{vt} el número de sacos de café del agente v ofertados para la venta en el tiempo *t*. De este modo la cantidad total de café ofertada para la venta en el tiempo *t* es

$$\alpha_t = \sum_{v=1}^{k} \alpha_{vt} \quad (3)$$

Similarmente, sea β_{ct} el café demandado para la compra por el agente *c*. Luego la cantidad total de café demandada para la compra en el tiempo *t* es

$$\beta_t = \sum_{c=1}^{l} \beta_{ct} \quad (4)$$

Usando estas definiciones, si σ_{vt} es el número de ventas de café hechas por el v-esimo agente, el número de unidades vendidas E_t en es esta economía está dada por

$$E_t = \sum_{v=1}^{k} \sigma_{vt}\alpha_{vt} \quad (5)$$

Del mismo modo, si ρ_{ct} es el número de compras de café hechas por el *c*-ésimo agente, el número de unidades compradas $\bar{E}_t$esta dada por

$$\bar{E}_t = \sum_{c=1}^{l} \rho_{ct}\beta_{ct} \quad (6)$$

Si P_{vt}es el precio de venta en que el v-esimo agente vende el café entonces el valor vendido en esta economía es

$$Z_t = \sum_{v=1}^{k} P_{vt}\sigma_{vt}\alpha_{vt} \quad (7)$$

Similarmente, si $\bar{P}_{ct}$ es el precio de compra de café hecha por el *c*-ésimo, el valor de las unidades compradas está dada por

$$\bar{Z}_t = \sum_{c=1}^{l} \bar{P}_{ct}\rho_{ct}\beta_{ct} \quad (8)$$

Los precios son determinados exógenamente. El gobierno establece la metodología de cálculo de la determinación del precio del café.

Los *m* agentes venden y compran café en el mercado. Un subconjunto de agentes de A_t, conforman la Federacafé. Federacafé es una organización económica conformada por agentes xi a los cuales se les puede calcular las dotaciones dadas en (1).

La Federacafé, X, capta recursos de sus asociados x_i, que se depositan en una cuenta especial *S*. Estos recursos son captados a partir de los ingresos percibidos por las ventas de los A_t que pertenecen a la Federación. Los agentes están dispuestos a realizar aportes a la organización y ésta le retorna a cada agente en alguna magnitud los aportes realizados en la forma de bienes y servicios que inciden en su producción.
Complementando el modelo planteado por Choy (2005) cada agente de A_t obtiene por su venta un ingreso

$$Z_{vt} = P_{vt}\sigma_{vt}\alpha_{vt} \quad (9)$$

Como miembro de *X*, x*i* está dispuesto a aportar a *X* una fracción ρ_{vt} de su ingreso percibido. El agregado de todos los aportes de los miembros de *X*, S_t estará dado por

$$S_t = \sum_{v=1}^{k} \rho_{vt}P_{vt}\sigma_{vt}\alpha_{vt} \quad (10)$$

S_t constituye el capital social de la organización como se verá en detalle en la siguiente sección.

Las reglas para los intercambios

Brennan y Buchanan (1997) plantean que "necesitamos reglas en la sociedad porque sin ellas la vida sería <<solitaria, pobre, sucia, brutal y corta>>, como Thomas Hobbes nos dijo hace más de tres siglos. Solamente el anarquista romántico piensa que hay una <<armonía natural>> entre las personas que elimina todo conflicto en ausencia de reglas. Necesitamos reglas para vivir juntos, por la simple razón de que sin ellas nos perderíamos, pues lo que un individuo deseare sería apetecido casi con certeza, por cualquier otro. Las reglas definan los espacios privados dentro de los cuales cada uno de nosotros podemos llevar a cabo nuestras propias actividades."

La Federacafé ha adoptado muchas reglas para asegurar claridad en los intercambios de recursos que hacen sus agentes.

Recordemos que por productor cafetero sólo se entiende propietario o poseedor de un predio cuya área sembrada con café sea igual o superior a media (0.5) hectárea y que en esta área señalada se cuente al menos con 1.500 árboles plantados.[135]

Los Comités Departamentales deben en retribución a lo que los miembros aportan promover el desarrollo de Cooperativas de Caficultores, velar por la correcta y oportuna prestación de los servicios del Gremio a los caficultores, colaborar con los Comités Municipales en el fomento de las industrias complementarias del café, orientar los servicios de extensión y de educación, ejecutar las distintas campañas ordenadas por iniciativa propia o de la Gerencia General y gestionar con entidades locales y el Gobierno Departamental obras, programas y acciones que beneficien a los caficultores de la región.[136]

Los estatutos señalan que los cafeteros, por la condición de serlo, tendrán acceso universal y sin discriminación a los bienes públicos de garantía de compra, investigación y extensión y a los servicios ofrecidos por el Fondo Nacional del Café y la Federación.[137]

Los Comités Municipales deben adelantar, en coordinación con el Comité Departamental, campañas para el mejoramiento del cultivo, el control de plagas y enfermedades, la renovación de los cafetales, el correcto beneficio del café, y todas las que redunden en el mejoramiento de las condiciones sociales y económicas de los productores de café; cooperar para el buen éxito de las campañas que en sus Municipios adelante el Comité Departamental, para lo cual harán oportunamente las sugerencias que estimen convenientes; estudiar y resolver las solicitudes de los cafeteros del respectivo municipio o, si fuere el caso, enviarlas acompañadas de su concepto, al respectivo Comité Departamental o a las entidades públicas o privadas competentes para decidir; colaborar con las Juntas de Acción Comunal, con las entidades gremiales y con los empleados de la Federación en el establecimiento de las metas de trabajo y el programa de desarrollo de sus comunidades; elaborar los planes indicativos de obras e inversiones en sus jurisdicciones, establecerles prioridades, y someterlos a la aprobación del respectivo Comité Departamental; gestionar con entidades locales y el Gobierno Municipal programas y acciones que beneficien a los caficultores de la región.[138]

Los Comités Departamentales de Cafeteros administran, los recursos originados en las Transferencias Cafeteras con cargo al Fondo Nacional del Café, que se destinarán a programas de desarrollo social y económico de las zonas cafeteras, de fomento y apoyo al cooperativismo, de mejoramiento de las condiciones de la población campesina en zonas cafeteras, directamente o a través de convenios con los entes territoriales, cuando lo permita la naturaleza de los programas.[139]

---

135 FEDERACAFE (2007), Art. 4.
136 FEDERACAFE (2007), Art. 30.
137 FEDERACAFE (2007), Art. 31.
138 FEDERACAFE (2007), Art. 37.
139 FEDERACAFE (2007), Art. 54.

Para la administración e inversión de los fondos de la Federación los recursos de los Comités Departamentales los conforman la participación que determine el Congreso Nacional de Cafeteros, el Comité Directivo y la Gerencia General, los dineros que aporten las entidades públicas o privadas, los rendimientos cuotas o participaciones que reciba por sus inversiones y los recursos provenientes del Fondo Nacional del Café que se les asigne anualmente.[140] Se realiza una fiscalización de los fondos e inversiones que maneja la Federación de acuerdo con la ley.

Según lo señalan los estatutos existen incompatibilidades para los delegados al Congreso Nacional de Cafeteros, los miembros electivos del Comité Nacional de Cafeteros, del Comité Directivo y los miembros del Comité Municipal de Cafeteros. Así mismo existe un Tribunal Disciplinario para la investigación, juzgamiento e imposición de sanciones disciplinarias por violación de los Estatutos y comisión de faltas previstas en Reglamentos, que cometan los federados, los Delegados al Congreso y los miembros de los Comités Directivo y Municipales.[141]

5.4. Sobre el concepto de capital social.

En la teoría económica existe una discusión teórica acerca de la definición de capital y de la forma como este se mide. Una gran parte de esta discusión ha sido conocida como las Controversias de Cambridge[142], por las posiciones enfrentadas entre Samuelson, Solow y Mead (de Cambridge Massachusetts) y Robinson, Kaldor y Pasinetti (de Cambridge Inglaterra).

Robinson (1971) describió las diferentes concepciones desde cada punto de vista:

> "The meaning of capital as a factor of production has been in dispute ever since the concept was first formulated. In the pre –Keynesian orthodox tradition, there were two distinct concepts – one of capital as a list of machines, stocks etc., all specified in physical, engineering terms, embodying particular techniques of production; the other, of a fund of "waiting" embodying the savings accumulated over the past history of the economy."

Harcourt (1975) presenta una interesante discusión acerca de las controversias desde el punto de vista de las dos escuelas y Sraffa. De igual manera Sarmiento, Gonzalez et al. lo hacen como introducción a una discusión del capital social.

---

[140] FEDERACAFE (2007), Art. 53.
[141] FEDERACAFE (2007), Art. 68.
[142] Sen (1998) participó en la polémica en su conocido texto "Debates sobre la teoría del capital."

Aproximación teórica al concepto de capital social y aplicaciones.

En los últimos años varios estudiosos de las ciencias sociales han realizado valiosos aportes desde muy diferentes perspectivas buscando la definición y operatividad del concepto de capital social, sin que hasta el momento haya una unicidad en la definición. Diferentes aproximaciones realizadas desde diversas disciplinas han planteado múltiples definiciones que pueden aparecer hasta contradictoras y divergentes pues contienen tanto supuestos como elementos operativos muy diversos. Es por esto que muy frecuentemente se expresa la falta de claridad que conlleva la definición del concepto de capital social.

Como se vio en la sección 5.4, por relación social se entiende un sistema complejo de eventos en que los individuos dotados de una información, unos recursos y una capacidad heurística desarrollan determinadas acciones sociales a partir del establecimiento de acuerdos probabilísticos realizados al interior de una organización. Dependiendo de la complejidad de cada individuo, este puede ser parte de un número limitado de organizaciones según sus recursos, información y heurística se lo permitan. En cada una de estas organizaciones el individuo tiene una posición según el espacio social determinado. A través de las relaciones sociales se construyen espacios sociales en los cuales los individuos realizan determinadas acciones.

Del modo más general se podría definir el capital social como el conjunto de relaciones sociales que en una organización posibilitan la realización de una acción determinada que genera beneficios colectivos que no son individualmente apropiables por parte de los miembros de la organización. Piazza-Georgi define capital social como "el stock existente de relaciones sociales en una sociedad" (Piazza Georgi; 2002:461).

Adler, Paul, y Seok-Woo Kwon (2000) elaboraron una clasificación del capital social según sus fuentes externas e internas (un recurso que reside en la red social vinculando a un actor focal con los otros).

Díaz- Albertini (2001) muestra la necesidad de continuar el trabajo de definición del término de capital social de tal manera que se constituya en un mecanismo de integración y no de exclusión, pues por definición el concepto excluye entre quienes participan en las organizaciones y quienes están excluidos de ellas.

Existen diferentes áreas temáticas desde las cuales se puede hacer una aproximación al concepto de capital social. Por ello no se puede hablar de una única definición y depende más de las variables sobre las cuales se hacen los énfasis correspondientes y los procedimientos de medición utilizados.

Putnam (1992) presentó un concepto amplio de capital social referido a características de la organización social como redes, normas y creencias que facilitan la coordinación y la cooperación para el beneficio mutuo[143]. Putnam (1992) establece que el capital social surge de asociaciones horizontales entre individuos y de su capacidad de desarrollar densas redes de interdependencia, las cuales se reflejan en normas culturales y de confianza interpersonal, que facilitan la coordinación y cooperación para el beneficio mutuo. Estos resultados derivan de la evaluación de las relaciones entre las normas y las redes cívicas, y entre éstas y el desempeño de los gobiernos regionales, el funcionamiento de la democracia y el desarrollo económico[144].

Coleman (1990) incorpora a la definición anterior no solamente las asociaciones horizontales sino también las verticales, incluyendo las empresas.

Por su parte Inglehart (1998) describe el capital social como una "cultura de confianza y tolerancia en la que surgen redes extensas de asociaciones voluntarias. Estas redes proporcionan unos flujos de contactos e información que apoyan a su vez una cultura de la confianza y cooperación: la economía no determina unilateralmente la cultura, ni la cultura determina la economía. Las dos están íntimamente relacionadas y se apoyan mutuamente en toda sociedad que florece durante un período de tiempo"[145].

Según Inglehart, la cultura de una sociedad dada representa un papel importante en el crecimiento económico, siendo la motivación al logro particularmente significativa a este respecto.[146] Sin embargo elementos culturales perfilan el desarrollo económico ulterior.[147]

Kliksberg (1999) presenta un interesante análisis acerca de la formación y la destrucción del capital social. El revela la importancia que el capital social tiene en los procesos de desarrollo. Según este autor el capital social tiene una estrecha relación con la desigualdad y puede actuar para su reducción si se afectan las variables involucradas. A partir de Moser (1998), advierte sobre la vulnerabilidad de las poblaciones pobres frente a las crisis económicas, y cómo frente a éstas crisis ocurren procesos de descapitalización en términos del capital social por la destrucción de los vínculos e inserciones básicas.

Robinson (2003:57) define el capital social como los "sentimientos de solidaridad de una persona o un grupo por otra persona o grupo. Esos sentimientos pueden abarcar la admiración, el interés, la preocupación, la empatía, la consideración, el respeto, el sentido de obligación o la confianza respecto de otra persona o grupo".

---

143 Para una discusión completa y exhaustiva acerca del concepto o la teoría del capital social ver: Restrepo (1998). Además ver: Zumbado (1998); World Bank (1997) y World Bank (1998).

144 Citado en: Cuellar (2000: Tomo II, p.765).

145 Ver también Inglehart (1994).

146 Inglehart (1998:310-311).

147 Inglehart and Baker (2000).

Para Adler y Kwon (2002:18) el capital social es "the goodwill available to individuals or groups. Its source lies in the structure and content of the actor's social relations. Its effects flow from the information, influence, and solidarity it makes available to the actor." Para estos autores la "core intuition guiding social capital research is that the goodwill that others have toward us is a valuable resource. By "goodwill" we refer to the sympathy, trust, and forgiveness offered us by friends and acquaintances" (2002:22).

Durston (2003: 147) define el capital social como "el contenido de ciertas relaciones sociales - que combinan actitudes de confianza con conductas de reciprocidad y cooperación-, que proporciona mayores beneficios a aquellos que lo poseen en comparación con lo que podría lograrse sin este activo."

Durston (2001) hizo un análisis acerca de las relaciones entre la formación de capital social y la pobreza[148] y cómo se integran los conceptos de desarrollo rural y de capital social[149].

En Colombia Restrepo[150] y Vargas[151] realizaron trabajos de revisión de las principales tendencias en el campo teórico y práctico del Capital social. Estos autores presentan las vertientes teóricas más profundas a partir de los conceptos primarios de Pierre Bourdieu, James Coleman y Richard Putnam. Vargas muestra los diferentes usos del concepto del capital social que se han utilizado en la investigación económica aplicadas así: a) el nivel de participación social en organizaciones voluntarias de pequeña escala y poco jerarquizadas, b)identificación de capital social con confianza y reputación, c) referencias al capital social como redes sociales informales de desempeño de los gobiernos regionales y a ciertos índices relacionados con el comportamiento político, e)concepto de capital social con connotaciones amplias familia, redes sociales, asociaciones locales, redes de redes, relaciones Estado y sociedad y marco institucional o capital social como organizaciones de cualquier tipo, redes sociales, normas, gobierno, régimen político y sistema judicial[152].

Sudarsky[153] realizó a partir de estos conceptos y de los de Coleman e Inglehart[154] una medición del capital social nacional haciendo uso de la metodología del

---

[148] Durston (2001).
[149] David y Ortiz (2001).
[150] Restrepo Piedad. (1998). Instituciones, Organizaciones y Capital social: factores explicativos del crecimiento o atraso de las naciones, Colciencias - U. de Antioquia, Medellín.
[151] Vargas, Gonzalo (2001). Hacia una teoría del Capital social, MsC Economía Universidad Nacional, Bogotá.
[152] Vargas, Gonzalo, op.cit.
[153] Sudarsky, John. (1999). El Capital social de Colombia, DNP- Imprenta Nacional, Bogotá, 2001. Los Documentos preparatorios se encuentran en: DNP, Archivos de Macroeconomía No. 122-126, Bogotá.
[154] Inglehart. Op. cit.

Barómetro del Capital social, BARCAS mediante la aplicación de encuestas aplicadas en 19 áreas del país. Sudarsky en la realización de su investigación utilizó la información de la World Value Survey, WVS[155].

De igual manera Cuellar[156] realizó igualmente un análisis del capital social. Algunas importantes conclusiones de este trabajo que se pueden mencionar son:

Los niveles de desconfianza observados en Colombia superan con creces los de todos los países observados en la WVS, incluyendo los latinoamericanos y los de similar desarrollo relativo. [157].; Colombia, un país que está comenzando a salir de la etapa pre moderna para aproximarse a la moderna, muestra un rezago económico manifestado en tasas de crecimiento bajas, debido al ineficiente funcionamiento de los mercados políticos; respecto a los valores productivos e improductivos se considera que en Colombia no le va bien a quienes en condiciones aptas para el desarrollo personal, les iría bien en la vida. Esta situación promueve "antivalores" y desestímala la laboriosidad de los colombianos[158]; en términos económicos la población está polarizada pues cerca de la mitad aboga por el proteccionismo, mientras que la otra mitad lo hace por las normas de mercado; se observa igualmente que los estratos más altos y las zonas más prósperas tienen actitudes más vinculadas al emprendimiento que los que se desarrollan entre los más pobres y en las zonas más atrasadas. Esta situación tiende a perpetuarse y autoalimentarse: pues quienes tienen mayor riqueza tienden a acumular más a la vez que quienes tienen menos riqueza se rezagan cada vez más[159]; la estructura institucional del Estado en Colombia no es la más propicia para el comportamiento cooperativo. En el país la dotación de Capital social es elevada (medida en participación en organizaciones voluntarias). En lo que se refiere a predisposición a asociarse para trabajar mancomunadamente, en el mejor de los casos la sociedad está estancada, si es que no en proceso de retroceso[160].; en Colombia el capital social está sustentado sobre la desconfianza.

Por su parte Rubio (1997)[161] evidencia la existencia de un capital social "perverso" (entendido como redes, relaciones sociales, relaciones de poder y actividades políticas que premian las actividades ilegales). Sudarsky[162] a este respecto

---

155 Knack y Keefer haciendo énfasis en las variables de confianza y normas cívicas, modificaron levemente las preguntas de la WVS ver: Knack,Stephen and Keefer, Philip. (1997). "Does Social Capital, have an economic payoff? A cross country investigation, Quaterly Journal of Economics, November.

156 Cuellar, Maria (2000). Colombia: Un proyecto inconcluso. Valores, Instituciones y Capital social. Universidad Externado de Colombia, Bogotá.

157 Cuellar, Op.cit. p.880.

158 Cuellar, Op.cit. p.897.

159 Cuellar, Op.cit. p.898.

160 Cuellar, Op.cit. p.916-917.

161 Rubio, Mauricio (1997) "Perverse Social Capital – Some evidence from Colombia". En: Journal of Economic Issues, 31(3), Septiembre, pp.805-816.

162 Sudarsky, op.cit. p.26

considera que no toda relación social de solidaridad es capital social y que para que este sea capital social es necesario "recoger el concepto de fuertes externalidades" de la concepción inicial de los economistas.

Vásquez et al. (2006) por otra parte proponen una definición de "las instituciones entendidas como reglas de juego formales e informales y las redes de relacionamiento que se han constituido en una sociedad para generar un ambiente social confiable que facilite la acción colectiva. Bajo esta perspectiva analizan el capital social del Estado como Activos Sociales Críticos[163].

Portes y Sensenbrenner definen el capital social cómo "aquellas expectativas para la acción dentro de una colectividad que afectan las metas económicas y el ambiente para alcanzar las metas de sus miembros aún si estas expectativas no están orientadas hacia la esfera económica." (1993: 1323).

Flores y Rello (2003: 209) definen el capital social como la capacidad de acción colectiva que hacen posible ciertos componentes sociales, con el fin de obtener beneficios comunes. Ellos en su trabajo distinguen:

a) Las formas de utilización del capital social
b) las fuentes/ infraestructura del capital social
c) El radio de acción del capital social

Además distinguen entre: a) capital social y b) capital comunitario y entre: i) capital social endógeno y ii) capital social exógeno.

Díaz – Albertini (2003: 247) señala que el capital social mide la sociabilidad de un conjunto humano y aquellos aspectos que permiten que prospere la colaboración y el uso, por parte de los actores individuales, de las oportunidades que surgen en estas relaciones sociales. Sociabilidad entendida como la capacidad para realizar trabajo conjunto, colaborar y llevar a cabo la acción colectiva. Señalan tres "fuentes principales del capital que son la confianza mutua, las normas efectivas y las redes sociales. A pesar de las posibles diferencias en la forma de definir y medir estos atributos el capital social siempre apunta hacia aquellos factores que nos acercan como individuos y a como este acercamiento se traduce en oportunidades para la acción colectiva y el bienestar del grupo".

Bourdieu (1985) ve el capital social como el agregado de los recursos reales o potenciales que se vinculan a la posesión de una red duradera de relaciones más o menos institucionalizadas de conocimiento o reconocimiento mutuo. Bourdieu aclara que el capital social puede descomponerse en dos elementos: primero la relación social misma, que permite a los individuos reclamar el acceso a los

---

[163] Vasquez, Luis et.all (2006). El Capital social en Colombia. Contraloría General de la República Bogotá.

recursos poseídos a sus asociados y segundo el monto y la calidad de esos recursos.[164] El tratamiento de Bourdieu en términos de recursos resulta fundamental.

Uphoff (2003: 123-5) planteaba que el capital social es una categoría que permite hablar colectivamente de los activos que generan una acción colectiva mutuamente beneficiosa. Este autor diferencia entre dos formas analíticas principales de capital social: la estructural y la cognitiva. Aun cuando ambas "tienen su origen en procesos mentales y en conceptos, pero la primera se expresa en el ámbito social interpersonal mediante acuerdos expresos o tácitos entre las personas. Esto hace que sea relativamente objetiva. ...Las formas cognoscitivas permanecen dentro de la mente, pero se convierten en capital social cuando se comparten es decir cuando son procesadas por más de una persona. Estas formas son subjetivas ya que existen en los pensamientos y los vínculos emocionales de las personas."

Ruben Kaztman (2001) considera que el capital social se refiere a los recursos instalados en una red que pueden ser movilizados por quienes participan en ella para el logro de metas colectivas e individuales.[165]

Para Atria (2003:583) el capital social es la capacidad efectiva de movilizar productivamente y en beneficio del conjunto, los recursos asociativos que radican en las distintas redes sociales a las que tienen acceso los miembros del grupo en cuestión. Los recursos asociativos que importan, para dimensionar el capital social de un grupo o comunidad, son las relaciones de confianza, reciprocidad y cooperación".

5.5. El Capital social desde la perspectiva Económica.

En la teoría económica de igual manera se ha analizado el concepto del capital social. Veblen señala como en su exposición del término "capital" el Profesor Böhm – Bawerk se remite brevemente a la doctrina de los fondo – salarios hasta refutar resumidamente la proposición de que los medios de subsistencia de los trabajadores productivos son jalonados por el capital de la comunidad aunque desde el punto de vista del empleador estos "salarios reales" están jalonados de su capital privado. Como lo presenta Veblen (1892:1) surge una distinción entre "capital social" y "capital privado".

Veblen (2001:123) hablando del capital dice que la inversión es una transacción pecuniaria, una ganancia en términos de valor y propiedad. La riqueza invertida es capital, una magnitud pecuniaria en términos de valor y determinada con respecto a su magnitud que proviene de estimar la riqueza la ganancia esperada de la

[164] Bourdieu (1985) Citado en: Sunkel (2003).
[165] Citado en: Sunkel (2003: 306).

propiedad de esta riqueza invertida. En la moderna práctica de los negocios, el capital se puede clasificar en dos categorías de activos relacionadas, tangibles e intangibles."

Veblen, analizando los conflictos de intereses e intereses de clases, evidenció la dualidad que enfrenta un productor agropecuario que se sitúa en el sistema económico como productor y como consumidor y trata con los asuntos de negocios que imponen los términos del comercio, los cuales él toma o deja ir.

Además, como Veblen lo ilustra, el margen de beneficio que deviene de su trabajo está comúnmente en el mínimo. El productor es dirigido por circunstancias sobre las cuales no tiene control, aquellas creadas por el sistema de ausentismo en su propiedad y el de su empresa de negocios. Veblen muestra una característica fundamental de la producción agrícola: la independencia, pues generalmente la población agrícola no actúa a través de intereses comunitarios en aquello que se refiere a los negocios materiales (Veblen;1948: 345).

Dasgupta (2005) plantea como "I take social capital to mean interpersonal networks, nothing more. The advantage of such a lean notion is that it does not pre-judge the asset's quality. Just as a building can remain unused and a wetland can be misused, so can a network remain inactive or be put to use in socially destructive ways. There is nothing good or bad about interpersonal networks: other things being equal, it is the use to which a network is put by members that determines its quality".

Glaeser, Laibson y Sacerdote (2003:441) ven el problema del capital social como un problema de decisiones de inversión individuales optimas, de esta manera contrasta el modelo con análisis basados en grupos.

Según estos autores, el problema del capital social es un problema de decisiones de inversión óptimas individuales y no de grupos. El capital social individual son las características de los individuos tales como sus habilidades y carisma que le permiten tomar beneficios de y no mercado de sus interacciones con los otros.

Por otro lado Antoci et al. (2009) presentan una función así:

$B_{i(t)} = F(s_{i(t)}, s_{(t)}, Ks_{(t)})$

donde $B_i(t)$ es un bien proveído socialmente. $B_i(t)$ es producido por la acción conjunta del tiempo dedicado por i a actividades sociales, s_i y por el promedio de participación social $s(t) = \int_0^1 s_i(t)di$ y por el stock de capital social $K_s(t)$.

Polanía (2005) calcula el ingreso per cápita "como una función del capital físico, k_{it}, el capital humano, h_{it}, y la fracción de tiempo que el individuo asigna al trabajo, u, cuya combinación genera cierto nivel de ingreso

$$y_{it} = f(k_{it}, b_{it} h_{it}, B_{jt})$$

donde f es la función de producción en el período *t* y $_{it}b$ es el stock de capital social del individuo...... El ingreso del individuo también depende del capital social agregado B_{jt}."

Un modelo alternativo para la caracterización del capital social[166].

Flap (2004:11) define el capital social como el soporte social que un individuo puede obtener de una organización de la que él o ella es miembro. Puede ser definido en una organización social particular, como los recursos de los otros y la disponibilidad de colocar esos recursos a disposición de los miembros de la organización. Leenders y Gabbay (2004) por su parte definen el corporate social capital, como "the set of resources, tangible or virtual, that accrue to a corporate player through the player's social relationships, facilitating the attainment of goals".

El capital social de una organización gremial productiva puede verse como el valor remunerado por una organización a cada agente en la medida en que los *m* agentes pueden aportar a ésta.

La función de producción del individuo puede verse como un modelo de crecimiento endógeno con externalidades, agregando el capital social como una variable de stock de capital que incide sobre la producción de esta manera:

Sea $X_t = \{x_1, x_2, x_3, \ldots, x_m\}$ un conjunto de *m* agentes. La disponibilidad *individual de generación de capital social* μ_i, para el i-esimo agente x_i, $i=1,2,\ldots,m$, se puede expresar de la siguiente manera:

$$\mu_i = G(I_{x_i}, R_{x_i}, He_{x_i}) = I_{x_i}^{\alpha_1} R_{x_i}^{\alpha_2} He_{x_i}^{\alpha_3} \quad (11)$$

En donde:

α_i^1, α_i^2, α_i^3 son constantes positivas.
I_{x_i} es la información del agente i
He_{x_i} es la heurística del agente i
R_{x_i} son los recursos del agente i

166 El autor agradece las sugerencias iniciales del Profesor José Reyes Bernal para la elaboración de una versión inicial del modelo.

Por simplicidad del modelo se asume que $Rx_i = Yx_i$, donde Yx_i es la producción del agente i.

Ahora bien, los recursos del agente *i* de acuerdo con (2) planteada en la sección 5.2, se pueden modelar con una función Cobb Douglas con capital humano como lo hace Selva (2004) así:

$$Rx_i = M(Kx_i, Hx_i, Lx_i, A) = Yx_i = Kx_i^{\beta 1} Hx_i^{\beta 2} Lx_i^{\beta 3} A \quad (12)$$

En donde:

β_i^1, β_i^2, β_i^3 son constantes positivas.
K = Stock capital físico del agente i.
H = Stock de capital humano del agente i
L= Stock de trabajo del agente i
A= Tecnología utilizada por el agente i.

Reemplazando Rx_i en (11)

$$\mu_i = Ix_i^{\alpha 1} (Kx_i^{\beta 1} Hx_i^{\beta 2} Lx_i^{\beta 3} A)^{\alpha 2} Hex_i^{\alpha 3} \quad (13)$$

De otra parte, el aporte efectuado por el agente x_i a la asociación, w_i, de acuerdo a la disponibilidad de aportar a la asociación ρ_i, está dado por

$$W_i = \rho_i \mu_i \quad (14)$$

donde[167] $0< \rho_i \leq 1$

Entonces el ***capital social, S***, de la organización se puede escribir como:

$$S = \sum W_i \quad (15)$$

Note que al reemplazar en la ecuación (14) el valor de w_i se tiene

$$S = \sum \rho_i \mu_i \quad (16)$$

Y reemplazando en (16) el valor de μ_i de (13) se obtiene

$$S = \sum \rho_i \, Ix_i^{\alpha 1} (Kx_i^{\beta 1} Hx_i^{\beta 2} Lx_i^{\beta 3} A)^{\alpha 2} Hex_i^{\alpha 3} \quad (17)$$

---

[167] Se toma un valor positivo entre 0 y 1 por cuanto el agente i puede aportar hasta la totalidad de los recursos de que dispone a la organización.

Por otro lado, la pertenencia a la organización incide sobre la función de producción, Y_i, del individuo x_i. Si la asociación le retorna al individuo x_i un porcentaje λ_i de S se tendría:

$$Ysx_i = (K + \lambda_{ik}S)_i^{\beta 1}(H + \lambda_{ih}S)_i^{\beta 2}\,(L + \lambda_{il}S)_i^{\beta 3}\,(A + (\lambda_{ia}S)) \quad (18)$$

Por simplicidad considerando únicamente una incidencia del capital social *S* en la variable A se tendría:

$$Ysx_i = Kx_i^{\beta 1}\,Hx_i^{\beta 2}\,Lx_i^{\beta 3}(A + (\lambda_i S)) \quad (19)$$

Donde $0<\lambda_i<1$. [168]

S es una constante que incrementa el valor de *A* y que incide sobre la función de producción del agente *i*.

Desde una perspectiva económica, se puede definir el capital social *S* como:

> *los bienes y servicios que se derivan de la disponibilidad de los miembros de una* ***organización económica productiva***[169] *para colocar recursos a disposición de los otros miembros de la organización para que como capital intervengan en el proceso productivo. El capital social es un agregado colectivo que no puede ser apropiado directamente de manera individual por los agentes, constituyéndose en un fondo común del cual los agentes a su vez pueden recibir retornos individuales.*

En el caso de muchas organizaciones la disponibilidad de los agentes de aportar sus recursos a la organización ha generado a través de varios años productivos la acumulación de capital tangible e intangible, que después es redirigido en beneficio de las acciones productivas que realizan los agentes, a través de actividades de investigación, extensión o la construcción de obras que inciden sobre la producción.

El capital social no corresponde a una abstracción de lo económico sino que su formación y destrucción está íntimamente relacionada con el desempeño de los productores, el mercado en el que se realizan los productos en un sector productivo específico, o la interacción de varios sectores. Por tanto, el análisis del capital social en un sector u otro, se revela como un tema de interés para la economía del desarrollo en el que se expresarán de manera conjunta las manifestaciones de las actividades

[168] Se toma un λ_i con valor positivo $0<\lambda_i<1$pues el agente *i* accede a un porcentaje del *S* de la organización.

[169] De esta definición se deduce que los bienes derivados de acciones en organizaciones no-económicas ni productivas no constituyen en sí mismo capital social. Son un acumulado de recursos no productivo aunque valiosos para la organización.

económicas y sociales llevadas a cabo por los productores-consumidores. Es éste punto de análisis el eje central de la presente investigación.

Sen muestra, analizando el tema del desarrollo económico, la necesidad de mirar el papel de los mercados frente a las conclusiones para la política económica y social.

> "Una vez reconocido el papel del comercio y de los intercambios en la vida humana, aún tenemos que ver cuáles son las consecuencias de las transacciones de mercado. Tenemos que evaluar con un sentido crítico las posibilidades reales, prestando suficiente atención a las circunstancias contingentes que pueden ser relevantes para evaluar todos los resultados que se obtienen fomentando los mercados o limitando su funcionamiento". (Sen; 2001).

Por ello piensa que existe la necesidad de equilibrar el papel del Estado –y de otras instituciones políticas y sociales- con el uso de los mercados. Además propone la adopción de "modelos globales de desarrollo" en contraposición a "visiones compartimentadas". Hace énfasis en la necesidad de un enfoque integrado con el fin de avanzar simultáneamente en los diferentes frentes incluido el desarrollo institucional.

Ahora bien, el aporte del capital social S en A genera un incremento en la producción de cada agente xi. Esto se puede ver derivando (19) así

$$\frac{\partial Ysx_i}{\partial S} = (\lambda_i)K_i^{\beta 1}\, H_i^{\beta 2}\, Lx_i^{\beta 3} \qquad (20)$$

derivada que es siempre positiva siempre que la producción Yx_i del agente i sea positiva. Haciendo una transformación algebraica en (12) y reemplazando en (20) se tiene

$$\frac{\partial Ysx_i}{\partial S} = (\lambda_i)\frac{Yx_i}{A} \qquad (21)$$

Por lo cual este incremento en Ysx_i es constante con respecto a S.

Por otro lado, si en (18) se evaluara sólo el impacto de *S* en *H* en vez de en *A* se tendría

$$Ysx_i = Kx_i^{\beta 1}(\,Hx_i{+}\lambda_{ih}S)\,_i^{\beta 2}\,)Lx_i^{\beta 3}A \qquad (22)$$

Donde0< λ_i <1.[170]

[170] Se toma un valor positivo entre 0 e inferior a uno pues el agente x_i accede a un porcentaje del capital social de la organización.

linealizando (22) y derivando respecto a S se obtiene

$$lnYsx_i = \beta_1 lnKx_i + \beta_2 \ln(Hx_i + \lambda_{ih} S) + \beta_3 lnLx_i + lnA \quad (23)$$

$$\frac{\partial Ysx_i}{\partial S} = \frac{\beta_2 \lambda_{ih}}{H + \lambda_{hi} S_i} \; Ysx_i \quad (24)$$

la cual es siempre positiva, por lo que en cuanto se incremente S se tendrá un incremento en Ysx_i.

la hipótesis de la investigación, como se expresó en la introducción, es que el capital social incide sobre la producción. Con lo postulado en (21) y (24) se comprueba la hipótesis.

De otra parte se planteó que la formación de capital social no es una condición suficiente para el éxito o fracaso económico de los agentes pues las condiciones de mercado y otras externalidades pueden conducir a su reducción o destrucción.

Esta parte de la hipótesis se abordará con el planteamiento de un modelo $\mathcal{E}$ que ilustra el éxito o fracaso de los agentes así:

$$\varepsilon_{(éxito/fracaso)} = \sum pmYxs_i - \sum pnmYxo_i \quad (25)$$

en la cual:

$$\mathcal{E} = \begin{cases} \leq 0 \; si \; el \; \% \; de \; fracasos \; es \; 60\% \\ > 0 \; si \; el \; \% \; de \; fracasos \; es \; 40\% \end{cases}$$

donde:

$Yxs_i = la \; producción \; del \; agente \; i \; con \; S$
$pm = precio \; miembro \; organización$
$Yxo_i = la \; producción \; del \; agente \; i \; ordinario$
$pnm = precio \; café \; para \; no \; miembro \; de \; la \; organización$

Implicaciones de S sobre la producción agregada

Con el objeto de ver las implicaciones de S sobre el agregado se pueden ver ahora las implicaciones de la definición planteada de S sobre un modelo de crecimiento. Para el efecto tomaremos el modelo de Solow ampliado o modelo de Mankiw,

Romer y Weil de 1992 conocido generalmente como modelo MRW presentado por Destinobles (2005).

El modelo MRW de crecimiento[171] sin capital social es:

$$Y_o = K^{\alpha} H^{\beta} [A\,L]^{1-\alpha-\beta} \quad , \quad 0 < \alpha, \beta \qquad (25)$$

donde:
Y_o= modelo MRW ordinario
K= el stock de capital físico y es acumulable
A= es la tecnología
L= fuerza laboral o el trabajo

El modelo MRW con capital social sería:

$$Y_s = K^{\alpha} H^{\beta} [L]^{1-\alpha-\beta} [A+S]^{1-\alpha-\beta} , \quad 0 < \alpha, \beta \quad (25)$$

donde:
Y_S= es la producción con capital social
K= el stock de capital físico y es acumulable
A= es la tecnología
L= fuerza laboral o el trabajo
S= Capital social

Tomando (19) se puede expresar un modelo en el tiempo de Ysx_i así:

$$Ysx_{it} = Kx_{it}^{\beta 1}\, Hx_{it}^{\beta 2}\, Lx_{it}^{\beta 3}(A + (\lambda_i S_t)) \qquad (26)$$

mediante la cual se puede calcular la función de producción de x_i en el tiempo.

Los mercados afectan positiva o negativamente la creación o destrucción del capital social. Una baja considerable de los precios, como un choque externo, puede deteriorar el acervo de capital social de una organización por cuanto se limita la capacidad de los agentes para poner a disposición sus recursos en beneficio de la organización.

El caso de la acumulación de capital social en la caficultura colombiana es contundente frente a este respecto. El deterioro en los precios internos como consecuencia de una caída en el precio internacional golpeó profundamente las finanzas del Fondo Nacional del Café y limitó su capacidad para retornar servicios

---

[171] Se toma A como una variable exógena por cuanto es internalizada.

directos a los caficultores nacionales. Inversamente un incremento en los precios internos como consecuencia de un incremento en el precio internacional del Café permite una acumulación sostenida de recursos en el Fondo lo que se traslada directamente en beneficio de los caficultores.

Otros choques externos, como un desastre natural, podrían deteriorar el acerbo de capital social de la organización.

Recordemos que el aporte efectuado por el agente x_i a la asociación, w_i, de acuerdo a la disponibilidad de aportar a la asociación ρ_i, está dado por

$$W_i = \rho_i \mu_i \quad (14)$$

donde[172] $0< \rho_i \leq 1$

Con respecto a los aportes realizados por x_i a la organización se podrían presentar los siguientes conflictos:

a) si $w_i > \lambda_i S$ es decir que el aporte de x_i es mayor a lo que la organización le reporta.
b) si algún o algunos agentes se apropian de un valor φ de S, por lo que el nuevo valor de S sería $S- \varphi$.[173]
c) si algún miembro de la organización no cumple las normas establecidas para la organización de acuerdo a lo señalado en la sección 5.3. Estos miembros deberían retornar estos recursos a la organización.
d) si los x_i realizan aportes pero reclaman mayores retornos es decir si $w_i < \lambda_i S$.
e) si, en el caso que en el mercado haya un mayor precio, un miembro de la organización vende a otro agente su producción[174].

En el capítulo a continuación se simulará, mediante un programa en computador, la creación del capital social y una verificación empírica de la hipótesis planteada a partir de las definiciones propuestas en este Capítulo.

---

[172] Se toma un valor positivo entre 0 y 1 por cuanto el agente i puede aportar hasta la totalidad de los recursos de que dispone a la organización.

[173] Una variante de este problema sería que los costos de administración fuesen muy altos o ineficientes y que algunos miembros de la organización consideraran que podrían ser menores pues deterioran el acerbo de S y el posterior retorno a x_i.

[174] A este problema se refiere J.J Rousseau (citado en Sunder (2005)) en El Contrato Social cuando señala: "¿Dónde encontraremos una forma de asociación que defenderá y protegerá con toda su fuerza común la persona y la propiedad de cada asociado, y por medio de la cual cada persona, mientras que se une a todos, obedecerá únicamente a sí mismo y permanecerá tan libre como lo era antes?" Existe una tensión en la membrecía a una organización y el cumplimiento de sus reglas. Este problema es muy importante en una economía de mercado donde los precios y las condiciones al exterior de la organización pueden ser mejores que al interior de ella, especialmente si los precios son establecidos endógenamente.

6. MEDICIÓN EMPÍRICA DEL CAPITAL SOCIAL.

En este capítulo se presenta una medición empírica del capital social en computador a partir de la definición formulada en (19)

$$Ysx_i = Kx_i^{\beta 1}\, Hx_i^{\beta 2}\, Lx_i^{\beta 3}(A + (\lambda_i S))$$

en la cual el capital social de la organización *S* incide sobre la tecnología, A.

Esta medición empírica se realizó como una simulación en Java que permite simular la creación de capital social en una organización a partir de la interacción definida en la sección 5.5. Para la simulación se toma como caso de replicación la organización de productores de la Federacafé tratando de describir la forma organizacional de la entidad como una organización conformada por agentes que producen y comercializan café y lo venden a la Federacafé. Los agentes tienen dotaciones de HE, I, y R con las cuales producen su café.

Por simplicidad el único recurso que tienen los agentes es su producción; es decir no tienen tierra, maquinaria u otro tipo de dotación de capital. Disponen además de unas dotaciones aleatorias de *He* e *I* a partir de las cuales generan la producción. A los agentes se les calculan sus ganancias en cada iteración restando a los ingresos generados por las ventas de café los costos calculados mediante una función de costo.

La producción es vendida a la Federacafé y ésta retiene un porcentaje por cada venta que realizan los agentes en cada iteración. Una iteración se equipara con una cosecha.

El valor retenido por la Federacafé se acumula en una cuenta que es en sí misma el Capital social *S* y de esta cuenta se financian: i) un precio de sustentación que tiene un diferencial mayor con respecto al precio del mercado; ii) una retribución aplicada a la tecnología A que incide positivamente sobre la producción para la siguiente iteración.

Si el agente obtiene pérdidas en la Federacafé por dos períodos consecutivos se retira y sale al mercado ordinario.

Cuando la simulación hace los cálculos correspondientes, arroja unos resultados por agente con las dotaciones de He, I y R en cada iteración, los precios para los asociados y no asociados, las ganancias del agente y el acumulado de la Federacafé. Estos resultados pueden ser exportados a Excel para realizar los cálculos correspondientes con ellos.

La simulación realiza 20 iteraciones que simula 20 períodos de cosecha con 30 agentes debido en las limitaciones en los equipos de cómputo.

A partir de los resultados de la simulación se verifica la hipótesis planteada en la investigación.

6.1. Metodología para la simulación

Con el fin de realizar la medición empírica del capital social S se siguieron metodológicamente los siguientes pasos:

a. Definición de los objetos del lenguaje de Java
b. Definición de las clases en Java
c. Definición de la interacción económica a partir del modelo planteado en 5.3, 5.4 y 5.5.
d. Cálculo del capital social de acuerdo al modelo planteado en (17)

$$S = \sum \rho_i \, Ix_i^{\alpha 1} (Kx_i^{\beta 1} Hx_i^{\beta 2} Lx_i^{\beta 3} A)^{\alpha 2} Hex_i^{\alpha 3}$$

e. Definición de la incidencia del S sobre A de acuerdo con (19)

$$Y_i = Kx_i^{\beta 1} \, Hx_i^{\beta 2} \, Lx_i^{\beta 3} (A + (\lambda_i S))$$

e. Establecimiento del proceso para obtener resultados
f. Cálculo de resultados. La simulación arroja como resultados el cálculo de las ganancias de cada agente, el cálculo de los precios; el cálculo del acumulado de la federación en un fondo homologable al FNC; el % del tiempo en que el agente estuvo en la Federacafé; y la incidencia en A del *S*.

A partir de los resultados que arroja la simulación se analizan los datos y se elaboran las tablas y gráficas en Excel.

En la siguiente sección se describe la simulación del proceso de formación del capital social de Federacafé.

6.1.1. Simulación del proceso de formación del capital social en la Federacafé.

En el desarrollo de la investigación se llevó a cabo una simulación en Java con el fin de comprobar empíricamente el comportamiento del modelo de capital social presentado en la sección anterior. La investigación sigue al trabajo de Hernández

(2008) que presentó una simulación de un modelo de Lotka Volterra de cooperación-competición en la firma.

Se tomaron las variables asociadas a la producción (*K, L, H, A*), en el contexto de un espacio social con *I, R y He* para el cálculo del capital social.

Para la simulación se hizo lo siguiente:

1. Se crea la Federacafé imponiéndole cual va a ser la media y desviaciones de precios y sus respectivos costos de funcionamiento.
2. Se crean los m agentes que venden su producción en el tiempo t,
    a. Se les asignan dotaciones de K_i, H_i, L_i y A aleatoriamente con distribución normal, media de 0.5 y desviación de 0.1
    b. Se crean los alphas señalados en la sección 5.5. aleatoriamente y con sumatoria menor a 1.
    c. Se crea una función de costos donde P_k es el precio del capital, P_l es el precio de la mano de obra y f el porcentaje que usa de su tecnología de la siguiente manera: $c = p_k * k_i + p_l * l_i + f * a_i$
    d. Se crean unos agentes m_z que no pertenecen a la federación, por ende no contribuyen a ella.

Se inicia la simulación:

1. La Federacafé impone los precios con distribución normal.
2. Se consigue la información de cuantos agentes pertenecen a la Federación
3. Los agentes trabajan:
    a. Producen:
    $$Y_i = Kx_i^{\beta 1}\, Hx_i^{\beta 2}\, Lx_i^{\beta 3}(A + (\lambda_i S))$$
    b. Calculan sus costos por medio de su función anteriormente nombrada.
    c. Deciden pertenecer o no a la federación:
        i. Si no pertenecen, pertenecerán con un 90% de probabilidad.
        ii. Si ya pertenecen miran si tienen ganancias superiores a la ocasión anterior:
            1. Si no tienen ganancias positivas en la iteración, piensan en retirarse.
            2. En caso de que el agente complete 3 veces en tener ganancias negativas consecutivamente se retira de la Federacafé.
    d. Los miembros de la Federacafé venden con los precios que esta les fija.
    e. Los m agentes x_i realizan sus aportes a la Federacafé.
    f. Si los m agentes pertenecen a la federación obtienen una remuneración de capital como una mejora tecnológica aleatoriamente entre 0 y 0.01.

4. La Federacafé recoge los aportes de los agentes vinculados a ella.

Se realizó una simulación con 30 agentes en 20 iteraciones lo cual simula 20 períodos de cosecha de café.

Los agentes a partir de la producción obtenida realizan conforme a los estatutos de la Federacafé aportes en el 5% del valor comercial de las libras comercializadas de café los que se acumulan en una cuenta homologable al Fondo Nacional del Café.

La Federacafé tiene unos gastos administrativos en el modelo que se cargan contra el valor acumulado del Fondo. El valor restante es redistribuido a los agentes únicamente a través de la variable A, tecnología. Tal como se mostró en la sección anterior el valor positivo del retorno sobre la variable A genera un incremento de la producción siempre y cuando sea positivo.

La simulación de igual manera establece una franja de precios. Sin embargo, si la caída del precio es demasiado drástica los agentes tienden a retirarse de la actividad y si obtienen pérdidas operacionales durante más de tres períodos se retiran de la organización y de la actividad.

6.1.2. Presentación de los resultados de la simulación.

A continuación se presentan los resultados de la simulación realizada.

La simulación calcula las ganancias de los agentes en cada iteración a partir de la valoración de la producción menos los costos. Agregando el valor acumulado con el período anterior se obtiene las ganancias acumuladas del agente xi.

Se obtienen unos resultados numéricos a partir de los cuales se elaboró la siguiente Gráfica:

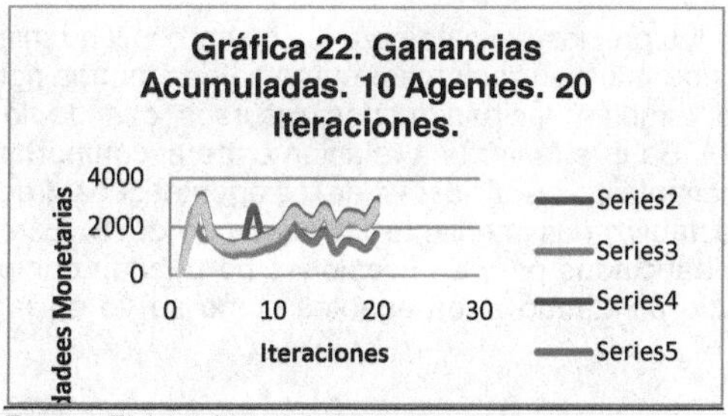

Fuente: Elaborado por el autor.

En la gráfica anterior se observan las variaciones en las ganancias acumuladas de los agentes en 20 iteraciones. Son acumuladas pues las ganancias de cada iteración se van sumando a las obtenidas en la iteración anterior. Como se ve, las ganancias acumuladas son positivas y muy similares para casi todos los agentes.

En el Cuadro 8 a continuación se presentan las variaciones en el precio para los miembros de la organización y para los no miembros de la organización, así como los recursos acumulados en el fondo de la organización o de Capital social S.

Cuadro 8. Variación del precio miembro y no miembro de la Federacafé y Acumulado de la organización. 30 agentes, 20 iteraciones.

Iteración	Precio miembro en centavos de unidades monetarias	Precio No Miembro en centavos de unidades monetarias.	Acumulado de la Federación S en unidades monetarias
1	132,236055	185,241519	-927,3171
2	228,453008	122,038283	222,2754
3	111,905426	208,148092	3.592,1428
4	77,8236629	75,0642343	4.669,3801
5	64,7789076	48,2964294	5.119,7667
6	113,725103	67,8334488	5.383,4351
7	69,12751	185,293706	4.347,5614
8	79,6542404	102,469127	4.760,0884
9	87,7321209	92,2454438	5.425,4753
10	110,344893	114,045974	6.189,1290
11	149,191001	45,3639194	7.460,6430
12	116,054565	49,7326583	9.480,1182
13	102,082197	123,836215	10.465,5394
14	135,585187	193,493561	11.520,9659
15	71,6353507	96,3994058	13.276,6927
16	103,223116	122,049554	13.788,0063
17	97,4712139	70,161495	14.825,6531
18	82,5030099	84,8275687	15.734,7415
19	124,427221	260,454188	16.431,4012
20	125,454678	258,34566	16.456,3468

Fuente: Elaborado por el autor.

Al graficar la variación en los precios del café para los miembros y no miembros se denota que los miembros de la organización enfrentan caídas menos rigurosas en los precios aun cuando también reciben menos recursos cuando los precios alcanzan su máximo nivel. Se puede ver una relación entre el comportamiento de los precios y el comportamiento de las utilidades de los agentes. Los precios de los miembros son precios estabilizados mediante los recursos de S. Estos precios favorecen a los agentes asociados pero en ocasiones no pueden compensar las caídas enormes del precio afectando a los agentes como se ve en la siguiente gráfica

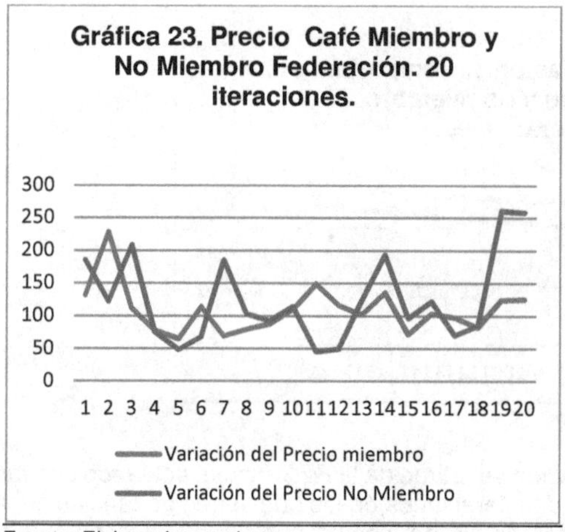

Fuente: Elaborado por el autor.

La Gráfica 24 muestra el acumulado de recursos de la organización S a través de las diferentes iteraciones. A pesar de las reducciones en los precios se presenta una acumulación de recursos constante.

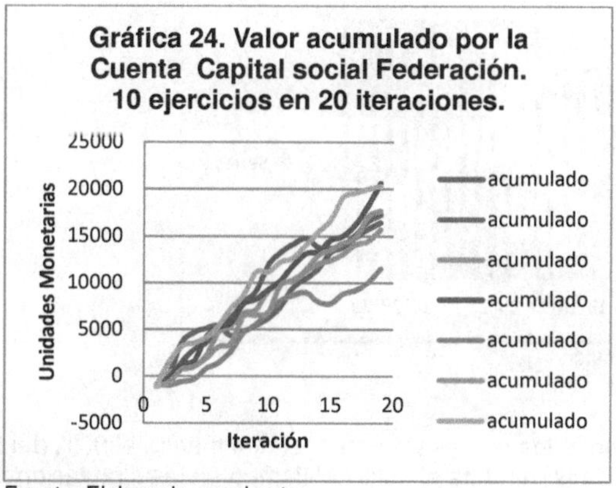

Fuente: Elaborado por el autor.

En la Gráfica 25 se muestra el comportamiento de A para un miembro y no miembro de la Federacafé. Se aprecia que el miembro de la organización tiene un mayor crecimiento en A que el no miembro.

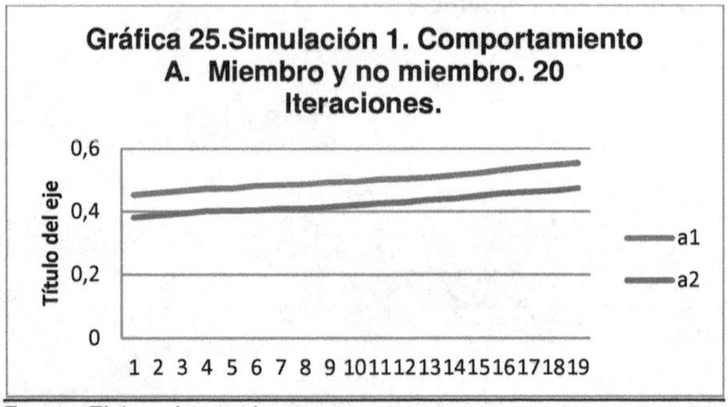

Fuente: Elaborado por el autor.

Los agentes en la simulación se retiran de la Federacafé, actuando con racionalidad económica, después de dos iteraciones en las que tienen ganancias negativas. La Gráfica 26 muestra el porcentaje del tiempo que los agentes permanecen en la Federacafé.

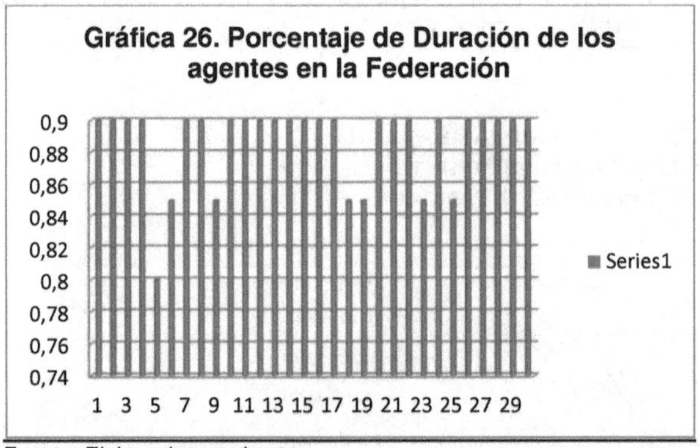

Fuente: Elaborado por el autor.

Como se puede ver todos los agentes permanecen al menos el 80% del tiempo en la Federacafé otros alcanzan hasta el 90% del tiempo en las simulaciones.

Para la comprobación de la hipótesis se realizó el cálculo planteado en (25) de la sección 5.5.

$$\varepsilon_{(éxito/fracaso)} = \sum pmYxs_i - \sum pnmYxo_i$$

en la cual:

$$\varepsilon = \begin{cases} \leq 0 \; si \; el \; \% \; de \; fracasos \; es \; 60\% \\ > 0 \; si \; el \; \% \; de \; fracasos \; es \; 40\% \end{cases}$$

En el Cuadro 9 siguiente se expresan los éxitos en los que es mayor la valoración de Ys con S a Yo sin capital social. Los valores positivos en la diferencia expresa los éxitos y los valores negativos los fracasos. El 94,74% de los casos constituyen éxito por tanto son ≤ 0.

El 5,26% son fracasos por tanto > 0.

Por lo tanto se comprueba la hipótesis.

Cuadro 9. Valoración Ys y Yo y Diferencia, Éxito S.

Iteración	Valoración Ys con Capital social	Valoración Yo No Capital social	Diferencia Éxito o Fracaso
1	40.894,1	14.017,6	26.876,5
2	85.111,3	1.577,6	83.533,7
3	43.208,0	0,0	43.208,0
4	30.095,6	0,0	30.095,6
5	25.087,4	0,0	25.087,4
6	0,0	26.301,2	-26.301,2
7	25.924,9	2.437,5	23.487,4
8	30.971,7	0,0	30.971,7
9	34.161,8	0,0	34.161,8
10	43.019,9	0,0	43.019,9
11	58.248,2	0,0	58.248,2
12	45.372,7	0,0	45.372,7
13	39.969,5	0,0	39.969,5
14	53.168,0	0,0	53.168,0
15	28.134,2	0,0	28.134,2
16	40.614,1	0,0	40.614,1
17	38.410,8	0,0	38.410,8
18	32.560,5	0,0	32.560,5
19	49.185,7	0,0	49.185,7

Fuente: Elaborado por el autor.

Esto se puede apreciar en el siguiente Gráfico 27 a continuación:

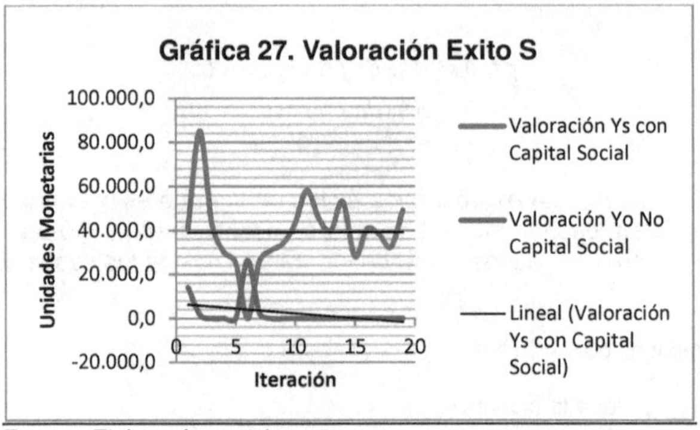

Fuente: Elaborado por el autor.

Por medio de una simulación se realizó el cálculo del Capital social S como un agregado de recursos provenientes de los agentes que luego de ser acumulados como capital productivo se redistribuyen a cada agente sobre la variable A en su función individual de producción.

7. CONCLUSIONES.

Como lo plantea Sen (1997), "el grado de oportunidad de una persona para conseguir cosas ha de estar vinculado al conjunto de consecuciones alternativas entre las que puede elegir", lo cual implica que sus oportunidades están determinadas por sus posibilidades de elección y la capacidad de hacerlas efectivas. Las condiciones actuales y los modelos de desarrollo que se han ejecutado en el ámbito rural ha generado que el conjunto de oportunidades de un individuo promedio sea reducido y que además tenga una muy reducida capacidad para hacerlo efectivo por las condiciones en que se ofrecen y la falta de capacidades propias para aprovechar las oportunidades que se le ofrecen. Existe una relación entre el ICV y la capacidad de los individuos para reproducir su capital y permitir la generación de recursos de capital para aportar a las organizaciones productivas a las que puede pertenecer.

Este planteamiento tiene que ver mucho con la creación de capital social al interior de una organización. Cuando los agentes tienen dotaciones suficientes de recursos pueden tener disponibles medios para aportarlos a una organización o para que los otros agentes con que interactúa en una organización accedan a ellos. Las relaciones sociales incrementan el conjunto de consecuciones alternativas que los agentes pueden elegir.

En la investigación se realizó un análisis organizacional de la estructura **primaria** cafetera de la Federacafé. Este análisis revela que la Federación de Cafeteros tiene un modelo organizacional que no es estrictamente económico. Los recursos económicos de los agentes financian actividades extraeconómicas, que reducen las posibilidades de mejoramiento de la eficiencia económica y que podrían mejorar la rentabilidad y la productividad de los agentes. Este modelo ha permanecido prácticamente invariable a pesar de que en la teoría y en la práctica existen modelos productivos más eficientes que propenden por la competitividad.

Abordar la conceptualización del capital social es una tarea difícil, por cuanto implica la revelación de sus principales componentes a saber, las interacciones sociales de los individuos, la forma como éstos se integran para constituir organizaciones en las cuales se genera el capital social.

Para el efecto se planteó un modelo general que describe el espacio social en el que se desarrollan las interacciones y relaciones sociales entre los agentes económicos. A partir de este espacio se describió la red primaria productiva cafetera.

Como resultado de esta investigación, es posible proponer un nuevo modelo aplicable a un gran número de las interacciones humanas sean económicas o no. Se plantea un modelo alternativo para la descripción y caracterización de las interacciones sociales, que involucra tres dimensiones: recursos, información y heurística. En este se describe una nueva caracterización del concepto de *espacio social* a partir de las dotaciones de los agentes individuales en el contexto de una organización social.

Este modelo permite la construcción de un espacio multidimensional así:

$$IxRxHe = \{(i, r, he) \mid i \in I, r \in R, he \in He\} \ (1)$$

Así mismo como resultado de la investigación se ha planteado un nuevo modelo económico del capital social que surge de la disponibilidad de los agentes para compartir sus recursos. De allí de estos recursos surgen recursos de capital que son aportados a la organización y retornados a los individuos incidiendo positivamente en la actividad productiva que los agentes desempeñan. El capital social, como un componente de la función de producción, como capital económico, incide directamente en la producción de los agentes.

Se definió el capital social como

> *los bienes que se derivan de la disponibilidad de los miembros de una* ***organización económica productiva*** *para colocar recursos a disposición de los otros miembros de la organización para que como capital intervengan en el proceso productivo. El capital social es un agregado colectivo que no puede ser apropiado directamente de manera individual por los agentes, constituyéndose en un fondo común del cual los agentes a su vez pueden recibir retornos individuales.*

Esta definición es económicamente operativa. El modelo de capital social propuesto, como resultado de la investigación se comporta como capital económico y genera unos retornos a los agentes que permiten crear y acumular capital social en una organización.

La función se describe así:

$$S = \sum \rho_i \, Ix_i^{\alpha 1}(Kx_i^{\beta 1} Hx_i^{\beta 2} Lx_i^{\beta 3} A)^{\alpha 2} Hex_i^{\alpha 3}$$

Por otro lado se puede ver la función de producción con capital social de un agente individual x_i de esta manera:

$$Yx_i = (K + \lambda_{ik} S)_i^{\beta 1} (H + \lambda_{ih} S)_i^{\beta 2} \ (L + \lambda_{il} S)_i^{\beta 3} \ (A + (\lambda_{ia} S))$$

El capital social definido de esta manera se ve afectado por el comportamiento de los mercados pues las fluctuaciones de los precios generan ganancias/perdidas en la acumulación de capital social.

Igualmente se planteó un modelo de crecimiento MRW con capital social como

$$Y_s = K^{\alpha}H^{\beta}[L]^{1-\alpha-\beta}[A+S]^{1-\alpha-\beta}, \qquad 0 < \alpha, \beta$$

que permite ver un incremento sobre la variable endogenizada A que incide positivamente sobre la producción.

Por medio de simulaciones se verificó la creación y acumulación de capital social *S*. Se cumplió el objetivo de la investigación de establecer las características de la estructura social de los caficultores colombianos y especificar los mecanismos a través de los cuales opera el capital social. Se especificó la estructura organizacional de Federacafé en un contexto de mercado. Al describir la naturaleza del FNC con los modelos planteados se especificaron los mecanismos a través de los cuales opera el capital social, la forma como se financia y los retornos que le brinda a cada uno de los caficultores.

Específicamente se analizaron teóricamente los conceptos de capital social, y de desarrollo rural y el vínculo que tienen con las unidades productivas cafeteras. Se caracterizó la formación del capital social asociado a los productores cafeteros y se establecer el desarrollo institucional de la red primaria productiva cafetera desde una dimensión gremial.

Arrow (2000) planteó cómo "I would urge abandonment of the metaphor of capital and the term 'social capital'. The term capital implies three aspects: a) extension in time; b) deliberate sacrifice in the present for future benefit; and c) alienability. The last is not true for human capital and not even entirely true for physical investment (namely the presence of irreversible investments)."

Los modelos planteados respecto al capital social en la investigación permiten comprobar que a) el capital social es extensible en el tiempo como capital económico financiero; b) que existe un deliberado sacrificio por parte de los agentes en el presente por un beneficio futuro.

Como el capital humano el capital social no es enajenable (dado que un agente después de aportar a la organización no puede recuperar sus aportes directamente). Por lo tanto con estas definiciones de capital social se amplía el estudio del concepto de capital social y sus implicaciones directas sobre el desarrollo.

BIBLIOGRAFÍA

Adler, Paul, y Seok-Woo Kwon (2002). *Social capital: Prospects for a new concept*, m.s. s.p.

Alchiam, Armen and Harold Demsetz (1972). Production, Information Costs, and Economic Organization. *The American Economic Review*, 62, (5), 777-795.

Amin, Samir (1997). Mondialisation et acumulation. Tokio : Université des Nations Uniés, L´ Harmattan.

Antoci, Angelo; Sabatini, Fabio, y Mauro Sodini. (2009). The fragility of social capital. Quaderni del dipartamento di economia politica. N551. Universita degli studi di Siena, Siena.

Arango, Mariano (1981). Café e Industria, Carlos Valencia Editores, Bogotá.

Arango, Mariano (1982). El Café en Colombia, Carlos Valencia Editores, Bogotá.

Arrow, Kenneth (2000). Observations on social capital. En: Dasgupta, Partha y Ismail Serageldin (Comp.) Social Capital. A multifaceted Perspective. World Bank, Washington.

Balcázar, Álvaro (2003). Transformaciones en la Agricultura Colombiana entre 1990 y 2002. Revista de Economía Institucional, Vol. 5, N. 9, Bogotá.

Bates, Robert (1999) Política internacional y economía abierta. La economía política del comercio mundial del café, Tercer Mundo, Fedesarrollo.

Atria, Raúl; Siles, Marcelo; Arraigada, Irma; Robinson, Lindon y Whiteford, Scott (2003). Capital social y reducción de la pobreza en América Latina y el Caribe: en busca de un nuevo paradigma. Santiago de Chile: CEPAL, Michigan State University.

Barnard, Chester I. (1936). The functions of the executive. Cambridge, Harvard, University Press.

Bates, Robert (1994). "La Economía Política del Café Colombiano en los Años Treinta: el ejercicio del poder público y la defensa de los intereses privados" en: Ensayos sobre economía cafetera, Año 7 No. 10, enero-diciembre, p 9-28.

Bates, Robert (1997). H. Instituciones y Desarrollo. En: Café, Instituciones y Desarrollo Económico. Pizano, Diego y Chalarca, José (compiladores), Federacafé.

Bejarano, Jesús (1975). El fin de la economía exportadora y los orígenes del problema agrario. Cuadernos Colombianos, p. 245.

Berkeley, George (1734). A treatise concerning the principles of human knowledge. Wherein the chief causes of error and difficulty in the sciences, with the grounds of scepticism, atheism, and irreligion are inquired into. London: Jacob Tonson. Recuperado el 29 de junio de 2005, del sitio Web: http://www.maths.tcd.ie/~dwilkins/Berkeley/HumanKnowledge/1734/HumKno.pdf

Blume, Lawrence and Durlauf, Steven N. (2001). The interactions-based approach to socioeconomic behavior. En Steven N. Durlauf & Peyton Young (Eds.) Social Dynamics (pp. 15-45). Washington D.C: Brookings Institution Press.

Blunck, Franziska (2003) What is a cluster? Regional clusters: some definitions. Recuperado el 24 de junio de 2005, del sitio Web TCI Network: www.competitiveness.org/article/author/view/3

Bourdieu, P. (1985): " The Forms of Social Capital" en Handbook of Theory and search for the Sociology of Education, ed. J. Richardson , N.Y. Greenwood.

Bourdieu, Pierre (1997). *Espacio social y campo de poder*. Barcelona: Anagrama.

Bourdieu, Pierre (1997). *Razones Prácticas*. Barcelona: Anagrama.

Brennan, Goeffrey y Buchanan, James (1997). La razón de las normas. Ediciones Folio, Barcelona.

Bruni, Luigino (2004). Hic Sunt Leones: social relations as unexplored territory in the economic tradition En B. Gui and R. Sugden (eds.), *Economics and Sociality*. Cambridge: Cambridge University Press.

Bushnell, David (1996). Colombia Una Nación a pesar de sí misma, Planeta, Bogotá.

Conferencia Europea de Ministros responsables de ordenación del territorio, CEMAT (2000). Principios Directores para el Desarrollo Territorial Sostenible del Continente Europeo Preparado por el Comité de Altos Funcionarios Hannover, 7 y 8 de septiembre.

Cárdenas, Mauricio y Yanovich, Denisse. (1997). Café y Desarrollo Económico: un análisis departamental. En: Coyuntura social, Fedesarrollo, Bogotá, Mayo.

Centro de Naciones Unidas Para el Desarrollo Regional, UNCRD (2002). Seguridad Humana y Desarrollo Regional en América Latina. UNCRD, Oficina para América Latina y el Caribe. Research Report Series No. 44, Bogotá.

Clavijo, Sergio et al. (1994). El Negocio Cafetero ante el mercado libre. Informe de la comisión mixta para el estudio del café. Ministerio de Hacienda, DNP, Bogotá, Tercer Mundo Editores.

Coase, Ronald (1990). The Nature of the firm. En Oliver Williamson & Sidney G. Winter (Eds.) *Industrial Organization* (pp. 18-34). Galliard:Great Yarmouth.

Coleman, James (1979). Rational actors in macro sociological analysis. En Harrison, Ross (Ed.), *Rational Action. Studies in Philosophy and Social Science* (pp. 75-92). Cambridge, Cambridge University Press.

Coleman, James (1990). *Foundations of Social Theory*. Cambridge: Harvard University Press.

Conferencia Europea de Ministros responsables de ordenación del territorio (CEMAT). (2000). Principios Directores para el Desarrollo Territorial Sostenible del Continente Europeo Preparado por el Comité de Altos Funcionarios Hannover, 7 y 8 de septiembre.

Congreso de Colombia (2002). Ley 788 de 2002 (diciembre 27) Por la cual se expiden normas en materia tributaria y penal del orden nacional y territorial; y se dictan otras disposiciones.

Congreso de la República. (2007). Ley 1151 (julio 24). Diario oficial no. 46.700 de 25 de julio de 2007, por la cual se expide el plan nacional de desarrollo 2006-2010.

Correa, Claudia (1987). El desarrollo de la caficultura en Cundinamarca. Federacafé.

Cuellar, Fidel (2004). El crédito cafetero en Colombia, economía, instituciones y política. Universidad de los Andes, Universidad Nacional de Colombia.

Cuellar, María Mercedes (2000). *Colombia: Un proyecto inconcluso. Valores, Instituciones y Capital social.* Bogotá: Universidad Externado de Colombia.

Choy, Alexander (2005). Alternative Mathematical Framework for Exchange Networks. m.s.p.

Dasgupta, Partha (2005). The Economics of Social Capital. January.

Dasgupta Partha (2005). Common Property Resources: Economic Analytics. February.

Del Campo, Gabriel (2006). Exclusión social y salud. Recuperado el 25 de junio de 2005, del sitio Web Star Media: http://perso.wanadoo.es/aniorte-nic/apunt-sociolog-salud-4.htlm

David, Beatriz y Ortiz, Laura (2001). El capital social y las políticas de desarrollo rural. Santiago: CEPAL.

De Ferranti, David; Perry, Guillermo; Lederman, Daniel; Maloney, William (2001). From Natural Resources to the Knowledge Economy Trade and Job Quality. Washington: World Bank.

De la Fuente, Luis y Gil de la Vega (2005). ¿Hay contradicción entre la Teoría de los Sentimientos Morales y La Riqueza de las Naciones? Recuperado el 16 de junio de 2005, en el sitio Web: http://www.riesgoycontrol.net/documentos/smith.php

Degli Antoni, Giacomo (2005). *Social relations and economic welfare at an economic level.* Recuperado el 23 de junio de 2005, del sitio Web Econpapers: http://econwpa.wustl.edu/eps/othr/papers/0503/0503001.pdf

Del Campo, Gabriel (2006). *Exclusión social y salud.* Recuperado el 25 de junio de 2005, del sitio Web Star Media: http://perso.wanadoo.es/aniorte-nic/apunt-sociolog-salud-4.htlm

Destinobles, André Gerald 2005). "El modelo de Mankiw, Romer y Weil (1992) en el programa de investigación neoclásico". Aportes, Revista Facultad de Economía, BUAP, Número 30, Septiembre a Diciembre. En: http://www.aportes.buap.mx/30ap1.pdf

Díaz Albertini, Javier (2001). Capital social, organizaciones de base y el estado: recuperando los eslabones perdidos de la sociabilidad. Santiago: CEPAL.

Durkheim, Emile (1912). Les formes élémentaires de la vie religieuse, le système totémique en Australie.

Durlauf, Steven N., Peyton Young (2001). The new social economics. En Steven N. Durlauf & Peyton Young (Eds.) *Social Dynamics* (pp. 1-15). Washington D.C: Brookings Institution Press.

Steven N. Durlauf and Peyton Young (2001). Social Dynamics. Washington D.C.: Brookings Institution Press.

Durston, John (2003), "Capital social: parte del problema, parte de la solución, su papel en la persistencia y en la superación de la pobreza en América Latina y el Caribe", en Atria et al.(2003: 147-202).

Echeverri, Rafael y Rivero, María del Pilar (2002). *Nueva Ruralidad, Visión del Territorio en América Latina y El Caribe.* Bogotá: IICA, CIDER.

Economides, Nicholas (1994). "The Economics of Networks", EARIE, Conference, Chania, Greece.

Enright, M. (1992). Why Local Clusters are the way to win the game. World Link, July-August.

Esbozo del informe de la Comisión de Seguridad Humana. La seguridad humana, ahora. m.s.p., s.f., Resumen del documento de Ogata y Sen (2003).

Federación Nacional de Cafeteros de Colombia (1994).Nueva Estructura para la caficultura colombiana. Análisis demográfico y socio económico de la zona cafetera. Bogotá.

Federación Nacional de Cafeteros de Colombia (2007). Estatutos.

Federacafé. (2008). Cláusula Segunda Contrato de Administración del Fondo Nacional del Café. En:http://www.cafedecolombia.com/quienessomos/federacion/fondonacional.html

Federación Nacional de Cafeteros de Colombia (2008).Informe del Gerente General LXX Congreso Nacional de Cafeteros

Fischer A., Alvaro. (n.i.). Las dos caras de Adam Smith Recuperado el 27 de junio de 2005, del sitio Web: http://www.iing.cl/docs/Smith.doc

Flap, Henk and Beate Völker (2004). *Creation and Returns of Social Capital. A New Research Program.* London: Rutledge.

Fleischacker, Sam (2004). *Economics and the Ordinary Person: Re-reading Adam Smith.* Recuperado el 24 de junio de 2005, del sitio Web:http://www.econlib.org/library/Columns/y2004/FleischackerSmith.html

Flores, Margarita y Rello Fernando (2002). Capital social Rural, Experiencias de México y Centroamérica, CEPAL, Plaza y Valdés Ed., México, p.23.

Gabbay, Shaul M. y Leenders, Roger Th.A.J. Social Capital of Organizations: From Social Structure to the Management of Corporate Social Capital. http://som.rug.nl/

Galán, José Luis y Castro, Ignacio (2004). Las relaciones interorganizativas como fuente de capital social. Universidad de Sevilla. Universia Business Review – Actualidad Económica | Segundo Trimestre.

García, Julián (2000)"Viabilidad Económica de las pequeñas explotaciones cafeteras". Tesis Postgrado en Ciencias Económicas, UN, Bogotá.

García Cáceres, Rafael y Olaya Escobar, Érika (2006). Caracterización de las cadenas de valor y abastecimiento del sector agroindustrial del café. Cuad. Adm. Bogotá, 19 (31): 197-217, enero-junio.

Glaeser; Edward and José Scheinkman (2001). Measuring social Interactions En Steven N. Durlauf and Peyton Young (Eds.) *Social Dynamics* (pp. 83-133). Washington D.C: Brookings Institution Press.

Glaeser, Edward, Laibson, David, and Sacerdote, Bruce, (2003). An economic approach to social capital En *The Economic Journal*, 112, (483).

Gintis, Herbert (2009). The Bounds of Reason: Game Theory and the Unification of the Behavioral Sciences. Princeton University Press, Princeton.

Groot, Hugo de (1625[1901]). The rights of war and peace. Washington: Walter Dunne.

Guzmán, Germán et al. (1986). La violencia en Colombia, Carlos Valencia Editores, Bogotá.

Guhl, Andrés (2004) Café y cambio de paisaje en la zona cafetera colombiana,1970-19971 Cenicafé, volumen 55, número 1, páginas 34-59.

Halman, Loek y De Moor, Ruud (1994). Individualización y cambio de valores en Europa y Norteamérica En Díez Nicolás, Juan and Ronald Inglehart (Eds.), *Tendencias Mundiales de Cambio en los Valores Sociales y Políticos.* Madrid: Fundesco.

Harcourt, G.C. (1975).Teoría del Capital. Oikos –Sup, Barcelona.

Hernández, Iván, Diana Velázquez, Clara Puentes, Andrés Salamanca y Marco Dueñas (2008). Difusión y generación de conocimiento bajo estructuras organizacionales por necesidad y por oportunidad. En: Empresa Innovación y Desarrollo. Universidad Nacional de Colombia, Bogotá.

Hirshleifer, Jack (1985). The expanding domain of economics. *The American Economic Review,* 75, (6).

Holland, John H.; John H. Miller (1991). Artificial Adaptive Agents in Economic Theory. *The American Economic Review*, 81, (2), 365-370.

IICA (2002), El Desarrollo Rural Sostenible en el marco de la nueva lectura de la ruralidad. En Universidad Javeriana (Ed.), *La Nueva Ruralidad en América Latina. Tomo I* (pp.55). Bogotá: Universidad Javeriana.

IICA (2003). *El enfoque territorial del Desarrollo Rural.* San José.

Inglehart, Ronald (1994). Modernización y posmodernización: la cambiante relación entre el desarrollo económico, cambio cultural y político En Díez Nicolás, Juan e Inglehart Ronald (Eds.), *Tendencias Mundiales de Cambio en los Valores Sociales y Políticos.* Madrid: Fundesco.

Inglehart, Ronald (1998) *Modernización y Posmodernización El Cambio Cultural, Económico y Político en Tres Sociedades.* Madrid: Siglo XXI editores, CIS.

Inglehart, Ronald and Baker, Wayne (2000). Modernization, Cultural Change and the persistence of traditional values. *American Sociological Review*, 65, 19-51.

Inglehart, Ronald (1998). *Modernización y Posmodernización. El Cambio Cultural, Económico y Político en 43 Sociedades.* Madrid: Siglo XXI editores, CIS.

Kalmanovitz, Salomón (1985).Economía y Nación. Una breva historia de Colombia, Cinep, UN, Bogotá,

Kalmanovitz, Salomón (1982). El Desarrollo de la Agricultura en Colombia. Carlos Valencia Editores, Bogotá.

Knack, Stephen and Keefer, Philip (1997). Does Social Capital, have an economist payoff? A cross country investigation. *Quaterly Journal of Economics*, November.

Kliksberg, Bernardo (1999). *Capital social y Cultura, Claves olvidadas del desarrollo.* INDES.

Knack, Stephen and Keefer, Philip (1997). Does Social Capital, have an economic payoff? A cross country investigation. *Quaterly Journal of Economics*, November.

Knight, Frank (1951). *The Economic Organization*, N.Y: A. Kelley Parsons.

Kosík, Karel (1983). *Dialéctica de lo concreto.* Grijalbo: México.

Leenders, Roger Th.A.J.& Shaul M. Gabbay (2004). Social Capital of Organizations: From Social Structure to the Management of Corporate Social Capita. SOM-theme B Innovation and interaction.

Lin, Haijin y Sunder, Shyam. (2001) *Using Experimental Data to Model Bargaining Behavior in Ultimatum Games.* Yale University :Carnegie Mellon University.

Lindemberg, Siegwart (2001). Social rationality vs racional egoism En Turner, H. (Ed.), *Handbook of sociological theory.* N.Y.: Kluwer Academic.

Lloyd, Peter (1999). La ontología de Berkeley como aproximación fundamental a la conciencia. *Toward of Counsciousness*, 25-28.

Lorente, Luis (2003). ¿Está agotado el modelo de cadenas productivas? En Germán Duque, Vida Agrícola, Cámara de Protección de Cultivos – ANDI (Eds.), CEGA.

Machado, Absalón (1985). La cuestión Social en la economía cafetera. En: Segundo Seminario sobre economía cafetera, Federacafé, Manizales,

Machado, Absalón (1988). El Café de la aparcería al capitalismo. Tercer Mundo Ed., Bogotá, 1988.

Machado, Absalón y Torres, Jorge (1991). *El sistema Agroalimentario.* Bogotá: Siglo XXI, Cap. IX.

Machado, Absalón (1992). El nuevo contexto para las economías campesinas. En IICA (Ed.) *Desarrollo Rural y apertura económica.* Bogotá: IICA.

Machado, Absalón (1993). *Cambio institucional para el desarrollo rural: el caso de Colombia.* Bogotá: IICA.

Machado, Absalón (1994). *Estructura y estrategias del sistema agropecuario-agroindustrial.* Bogotá: Mimeo.

Machado, Absalón. (2002). *De la estructura agraria al sistema agroindustria*l. Bogotá: Universidad Nacional de Colombia, pp. 211-214.

Machado, Absalón (2002). Agrovisión Colombia 2025. Prospectiva de Desarrollo Rural y Agrario para la Paz de Colombia. CID, Bogotá.

Marshall, Alfred ([1842]1963). *Principios de Economía.* Madrid: Aguilar.

Marx, Karl (1859). *Grundisse. Foundations of the critique of political Economy.* Recuperado el 27 de junio de 2005, del sitio Web de Grundrisse: http://www.marxists.org/archive/marx/works/download/Marx_Grundrisse.pdf

Marx, Karl (1906). *Capital: A Critique of Political Economy, Vol. I.* Recuperado el 24 de junio de 2005, del sitio Web de Library of economics and liberty: http://www.econlib.org/library/YPDBooks/Marx/mrxCpA.html

May, Ernesto (1996). La pobreza en Colombia, Bogotá, TM Editores-Banco Mundial.

Mc. Greevy, William Paul (1988). Historia Económica de Colombia. 1845-1930. TM Editores, Bogotá.
Ménard, Claude (1997). *Economía de las Organizaciones.* Bogotá: Universidad Nacional, Norma.
Ministerio de Agricultura y Desarrollo Rural, Agrocadenas Colombia - Café. Superficie Cultivada Y Precio Real Interno Del Café En Colombia. En: http://www.agrocadenas.gov.co/home.htm
Ministerio de Agricultura y Desarrollo Rural, Agrocadenas Colombia - Café. Superficie Cultivada Y Precio Real Interno Del Café En Colombia. En: http://www.agrocadenas.gov.co/home.htm Ministerio de Agricultura y Desarrollo Rural, Agrocadenas Colombia - Café. Participación del café en el PIB. En: http://www.agrocadenas.gov.co/home.htm
Ministerio de Agricultura y Desarrollo Rural, Agrocadenas Colombia - Café. Evolución histórica de la caficultura colombiana por rangos de tamaño de los predios Entre 1970 y 1993-97. En: http://www.agrocadenas.gov.co/home.htm
Ministerio de la Protección Social, Min Educación, ICBF, DNP, y OIT. (2008). Estrategia nacional para prevenir y erradicar las peores formas de trabajo infantil y proteger al joven trabajador. 2008-2015, Bogotá.
Ministerio de la Protección Social. (2008). Resolución 1677.
Monsalve Diego (1927). Colombia Cafetera, Barcelona.
Montaña, Andrés (1990). El desarrollo de la caficultura en el área de la colonización Antioqueña, Federacafé.
Montaña, Andrés (1991). El desarrollo de la caficultura en el Tolima Grande, Federacafé.
Montaña, Andrés (1992). El desarrollo de la caficultura en el área de los santanderes, Federacafé.
Montaña, Andrés (2010). Interacciones sociales y explotación económica. Revista Latinoamericana de Ciencias Sociales, niñez y juventud. Manizales, Vol. 8 No. 1.
Naranjo, John. (1998). El gremio cafetero y la organización de los productores. En: Ruptura cultural para el desarrollo, Universidad del Valle.
Ogata, Sadako y Sen, Amartya (2003). *Human Security now.* Commission on human security, Grundy & Northedge, UN Press
Olson, Mancur. (1997). La explotación de la Agricultura. En: Pizano, Diego y Chalarca, José. Café Instituciones y Desarrollo Económico, Federacafé.
Otero, Manuel; Hilarios, Fernando. (2002). *La industrialización de la agricultura.* Citado en: Machado (2002), p. 214.
Palacios, Marco (1982). El café en la vida de Antioquia. En: Memoria del Simposio Los estudios Regionales en Colombia: El caso de Antioquia. FAES, Medellín, p.85.
Palacios, Marco (1983) El café en Colombia. Una historia económica, social y política, El Ancora Editores, Bogotá.
Pareto, Vilfredo (1965[1902]). *Les systèmes socialistes.* Genève : Librairie Droz.
Parsons, Talcott (1961). *Theories of Society.* N.Y: The Free Press.
Parsons, Talcott (1975). Interacción Social. Sills (Eds.), *Enciclopedia de las ciencias sociales*, 6, 166-185.
Pérez Correa, Edelmira (2002). Lo rural y la nueva ruralidad. En AECI, Ministerio de Agricultura y Pesca, Fodepal (Eds.), *Políticas, instrumentos y experiencias de Desarrollo Rural en América Latina y Europa* (pp.15). Madrid.
Pérez Yruela, Manuel (2002). Los actores sociales en el desarrollo rural. En AECI, Ministerio de Agricultura y Pesca, Fodepal (Eds.). *Políticas, instrumentos y experiencias de Desarrollo Rural en América Latina y Europa* (pp. 85-86). Madrid.

Perfetti, Mauricio, Liliana Velásquez Martínez, Oscar Alberto Ortiz González, José Fáber Hernández Ortiz, Pablo Rolando Arango Giraldo (2004). Cuantificación De Los Impactos Micro–Macroeconómicos Y Sociales De La Crisis Cafetera En Colombia, Crece, Manizales.

Piazza- Georgi, Barbara (2002). The role of human and social capital in growth: extending our understanding. *Cambridge Journal of Economics*, 26, 461-479.

Plaza, Orlando (1991). Economía campesina: Límites y potencialidades en el contexto de apertura y modernización, En Machado, Absalón (Compilador). *Desarrollo Rural y Apertura Económica* (pp. 102-145), Bogotá: IICA.

Polanía Reyes, Sandra Viviana (2005). Capital social e ingreso de los hogares del sector urbano en Colombia. Documento CEDE 2005-50 ISSN 1657-7191 (edición electrónica) agosto.

Porter, Michael E. (1991). La Ventaja Competitiva de las Naciones. Buenos Aires: Vergara Editores.

Porter, Michael. (1998). On Competition. Harvard: Harvard University Press.

Porter, Michael. (1998). Ser Competitivo. Nuevas Aportaciones y Conclusiones. Bilbao: Editorial Deusto.

Portes, A., & Sensenbrenner, J. (1993). Embeddedness and immigration: Notes on the social determinants of economic action. *American Journal of Sociology*, 98,1320-1350. Citado en Adler y Woo Kwon (2002).

Putnam, Robert (1992). *Making Democracy Work. Civic Traditions in Modern Italy, Princeton,* Princeton University Press.

Putnam, Robert (1993). The Prosperous Community: Social Capital and Public Live. *The American Prospect*, 13.

Ramírez, Nancy (1998). "Cambios en la estructura productiva del sector agropecuario Colombiano". Tesis de Maestría en Economía, UN, Bogotá.

Rodríguez, Francisco. (1997). Relaciones de Poder y Estructura de Decisiones del Gremio Cafetero Colombiano. Federación Nacional de Cafeteros de Colombia, Federacafé y Fondo Nacional del Café. Innovar No. 10, Facultad de Ciencias Económicas, U.N.

Restrepo Piedad (1998). Instituciones, *Organizaciones y Capital social: factores explicativos del crecimiento o atraso de las naciones.* Medellín: Colciencias - U. de Antioquia.

Rivera, Magdalena (2000). *Del recorrido de las mercancías a las capacidades básicas: evaluación de la política social, una propuesta.* Tesis maestría. Bogotá: UNAL.

Robinson, Joan (1971). The measure of capital: the end of controversy. The Economic Journal, Vol. 81, Issue 323, pp. 597-602.

Robinson, Lindon. J. (2003). El capital social y la reducción de la pobreza: hacia un paradigma maduro En Atria, Raúl; Siles, Marcelo; Arraigada, Irma; Robinson, Lindon y Whiteford, Scott (Eds.), Capital social y reducción de la pobreza en América Latina y el Caribe: en busca de un nuevo paradigma (pp. 51-115). CEPAL, Michigan State University, Santiago de Chile.

Rousseau, J. J. (1997). *El Contrato Social.* Bogotá: Panamericana.

Rubio, Mauricio (1997). Perverse Social Capital – Some evidence from Colombia. *Journal of Economic Issues*, 31, (3), 805-816.

Sarmiento, Alfredo, Jorge Iván González, Lucía Mina, Darwin Marcelo, Sandra Alvárez, Carlos Alonso, Elsa Plazas (2007). Evaluación del impacto del Sena en el capital social. Programa Nacional de Desarrollo Humano.

Sarmiento Alfredo, Ramírez Clara (1998). *El Indice de Condiciones de Vida: Una propuesta para la distribución. Departamento Nacional de Planeación (DNP).* Bogotá: DNP.

Sarmiento, Libardo. (1994). Evolución de la pobreza y la calidad de vida en Colombia. 1972-1992. En: El Agro y la cuestión social. Minagricultura 80 años, TM Editores, Bogotá.

Selva, Carmen (2004). El capital humano y su contribución al crecimiento económico. Ed. De la Universidad de Castilla, La Mancha.

Sen, Amartya (1976). Los Tontos Racionales: una crítica de los fundamentos conductistas de la teoría económica. *Philosophy and Public Affaires*, 6, 317-344.

Sen, Amartya (1981). Los bienes y la gente. En: Sen, Amartya (Ed.), Mercados y libertades. Logros y limitaciones del mecanismo de mercado en el fomento de las libertades individuales. (pp. 136) Paidós.

Sen, Amartya. "Mercados y libertades. (1997) *"Logros y limitaciones del mecanismo de mercado en el fomento de las libertades individuales",* en Sen, Amartya (1997). Bienestar, justicia y mercado, Paidós.

Sen, Amartya (1997). Bienestar, justicia y mercado, Paidós, p. 136.

Sen, Amartya. (1998) Debates sobre la teoría del capital. Cuadernos de Economía, Vol. XVII N.29, Bogotá.

Sen, Amartya (2001). Desarrollo y Libertad, *Planeta*. Barcelona.

SENA (2004). *Formación Ocupacional para Jóvenes Rurales. Segunda Convocatoria.* Bogotá.

Silva, Gabriel, Guadalupe Bedoya y Andrés Valencia (2004). Organizaciones privadas, dividendos públicos: la institucionalidad cafetera como modelo de equidad y estabilidad para el sector rural colombiano. Federacafé, Bogotá.

Simon, Herbert (1952). A comparison of organization Theories. *The Review of Economic Studies*, 20, (1), 40-48.

Simon, Herbert et al (1953). Comments on the Seminar Report, Research in Comparative Politics, III. *The American Political Science Review,* 47,(3), 658-675.

Simon, Herbert (1962). El Comportamiento Administrativo. Madrid: Aguilar.

Simon, Herbert (1989). Naturaleza y límites de la razón humana. México. F.C.E.

Simon, Herbert (1991). Organizations and markets. *Journal of Economic Perspectives*, 5 (2), 25-44.

Simon, Herbert (1993). Altruism and Economics. The *American Economic Review*, 156-161.

Smith, Adam (1790). *The Theory of Moral Sentiments.* Recuperado el 24 de junio de 2005, del sitio Web de Library of economics and liberty: http://www.econlib.org/library/Smith/smMS.html

Smith, Adam (1904). *An Inquiry into the Nature and Causes of the Wealth of Nations* Recuperado el 24 de junio de 2005, del sitio Web de Library of economics and liberty: http://www.econlib.org/library/Smith/smWN.html

Solvell, Orjan; Lindquist, Goran y Ketels, Christian (2003). The Cluster Initiative Greenbook. Stocklhom: Bromma Trick AB.

Suárez, Ruth (2001). Los desafíos rurales en Colombia. Elementos Institucionales del éxito, TM Editores, Bogotá, 2001.

Sudarsky, Jhon (2001). El Capital social de Colombia. Bogotá: DNP- Imprenta Nacional. Los Documentos preparatorios se encuentran en: DNP, Archivos de Macroeconomía No. 122-126, Bogotá.

Sunder, Shyam (1997). Theory of accounting and control. Cincinnati: South-Western Publishing.

Sunder, Shyam (2002). Management Control, Expectations, Common Knowledge and Culture. Yale University. Revised version of the plenary address at the Management Accounting, Research Conference.

Sunder, Shyam. (2005). *Teoría de la Contabilidad y el Control.* Universidad Nacional de Bogotá: Colombia.

Sunkel, Guillermo (2003). La pobreza en la ciudad: capital social y políticas públicas En Atria, Raúl; Siles, Marcelo; Arraigada, Irma; Robinson, Lindon y Whiteford, Scott (Eds.), *Capital social y reducción de la pobreza en América Latina y el Caribe: en busca de un nuevo paradigma.* CEPAL, Michigan State University, Santiago de Chile.

Tenjo Galarza, Jaime; Luisa Fernanda Bernal Díaz y Angela Uribe Castro (2005). Algunos Aspectos Del Funcionamiento del Mercado laboral en el sector rural. Bogotá.

Uphoff, Norman (2003). El capital social y su capacidad de reducción de la pobreza. En Capital social y reducción de la pobreza en América Latina y el Caribe: En busca de un nuevo paradigma. Comisión Económica para América Latina y el Caribe (CEPAL) y Michigan State University. Santiago de Chile

Vargas, Gonzalo (2001). *Hacia una teoría del Capital social.* Bogotá: MsC Economía Universidad Nacional de Colombia.

Vásquez, Luis et.all (2006). El Capital social en Colombia. Contraloría General de la República Bogotá.

Veblen, Thorstein (1892). Böhm-Bawerk's Definition of Capital and the Source of Wages. *Quarterly Journal of Economics*, 6.

Veblen Thorstein (1948). The independent Farmer En The Viking Press (Eds.), *The Portable Veblen.*

Veblen, Thorstein (2001) La naturaleza del capital. *Economía Institucional*, (4), Bogotá.

Villoria, Joaquín (1998). Café Caribe. Revista Cafetera de Colombia, No. 209.

Vivas, Jorge (2002). Red de solidaridad social. Programa de atención integral para adultos mayores. Evaluación de impacto del programa. Bogotá.

Weber, Max (1978). *Economy and society.* Berkeley: University of California Press.

Wiesner, Eduardo (1997). *La efectividad de las Políticas Públicas en Colombia.* Bogotá: TM Editores, DNP.

Williams, Walter (2009). ¿Qué o quién es el Mercado?. Recuperado el 17 de junio de 2009, del sitio Web: http://www.scbbs.net/craigs/Libib/mercado.html

Williamson, Oliver (1975). Markets and Hierarchies*: Analysis and Antitrust Implications.* London: Free Press.

Williamson, Oliver (1990). Organization Theory. From Chester Barnard to the Present and Beyond. N.Y.: Oxford University Press.

Williamson, Oliver (2000). "The New Institutional Economics: Taking stock, looking ahead" en Journal of Economic Literature, Vol. XXXVIII, Sept., pp. 597-600.

World Bank (1997). Expanding the measure of wealth: indicators of environmentally sustainable development. *Sustainable Development Studies and Monographs* 17.

World Bank (1998). The Initiative on Defining, Monitoring and Measuring Social Capital En *Social Capital Initiative.* Washington: Working Papers.

Young, H. Peyton. (2006). *Adaptive Heuristics. Prepared for the New Palgrave Dictionary of Economics.* Recuperado el 27 de junio de 2005, del sitio Web: http://www.econ.jhu.edu/People/Young/Adaptiveheuristics.pdf

Zumbado, Carla (1998). Desarrollo y Capital social, Redescubriendo la Riqueza de las Naciones. *Instituciones y Desarrollo,* (1).

Referencias de Internet

http://www.dnp.gov.co/PortalWeb/Programas/Agriculturapecuarioforestalpescaycaza/Estad%C3%ADsticasdelSectorAgropecuario/Informaci%C3%B3nAgr%C3%ADcola/tabid/437/Default.aspx.

http://www.agrocadenas.gov.co/home.htm consultado el 16/11/06. Cláusula Segunda Contrato de Administración del Fondo Nacional del Café. En: *http://www.cafedecolombia.com/quienessomos/federacion/fondonacional.html*

Anexo 1.. Superficie cosechada de los principales productos agrícolas. Total Nacional. 1992 - 2007.

	1992	1993	1994	1995	1996	1997	1998	1999	2000	2001	2002	2003	2004	2005	2006	2007	2007/1992	% Respecto Producción Total en 1992	% Respecto Producción Total en 2007	2007-1992
Transitorios	2.066.279	2.006.326	2.028.235	1.892.335	1.721.710	1.631.491	1.420.463	1.563.543	1.607.158	1.612.136	1.561.291	1.631.628	1.733.504	1.624.329	1.589.875	1.646.623	-20%	47%	40%	-419.655
Ajonjolí	5.855	15.389	14.099	11.887	11.095	10.502	6.163	8.091	6.398	5.434	4.724	4.161	4.051	3.517	4.315	3.216	-45%	0%	0%	-2.639
Algodón	209.566	113.634	71.782	81.602	104.351	61.280	47.510	52.229	48.226	53.353	43.866	44.328	66.258	67.140	55.933	54.914	-74%	5%	1%	-154.652
Arroz Riego	252.193	252.392	245.194	237.654	236.735	241.866	233.046	274.030	271.823	274.208	258.635	257.806	267.286	246.796	246.556	256.643	2%	6%	6%	4.450
Arroz Sec. Mec.	113.364	89.667	106.581	125.013	99.653	109.164	127.607	136.985	158.078	152.088	159.910	195.121	215.744	166.673	138.757	143.533	27%	3%	4%	30.169
Arroz Sec. Manual	58.014	43.856	56.509	55.111	43.048	38.940	42.198	44.161	46.014	54.997	54.175	58.957	54.357	54.164	57.403	60.591	4%	1%	1%	2.577
Arroz total	423.571	385.915	408.284	417.778	379.436	389.970	402.850	455.176	475.914	481.292	472.720	511.883	537.387	467.633	442.716	460.767	9%	10%	11%	37.196
Papa	146.568	185.080	184.397	178.482	173.702	166.765	164.759	171.713	170.719	166.169	163.841	164.088	161.873	151.844	152.843	163.505	12%	3%	4%	16.937
Tabaco Rubio	5.826	6.150	3.315	2.830	4.669	4.523	4.969	5.284	7.399	6.941	6.478	7.669	9.992	10.820	9.059	9.082	56%	0%	0%	3.256
Cebada	33.414	36.232	29.009	20.443	18.714	9.580	6.132	6.299	5.336	4.300	3.779	2.718	1.928	1.873	1.790	2.305	-93%	1%	0%	-31.109
Fríjol	126.995	134.111	144.823	167.012	139.333	135.290	121.118	120.680	115.739	115.556	109.328	114.854	113.650	124.612	120.577	130.656	3%	3%	3%	3.661
Maíz Tecnificado	87.621	88.899	97.506	79.613	86.780	104.307	88.840	112.688	150.278	149.537	140.824	152.049	169.899	156.760	153.489	147.895	69%	2%	4%	60.274
Maíz Tradicional	608.035	641.605	653.399	576.700	514.089	477.207	372.651	434.018	421.534	424.744	414.026	418.868	445.956	420.031	450.073	478.721	-21%	14%	12%	-129.314
Maíz Total	695.656	730.504	750.905	656.313	600.869	581.514	461.491	546.706	571.812	574.281	554.850	570.917	615.855	576.791	603.562	626.616	-10%	16%	15%	-69.040
Sorgo	245.005	201.757	219.285	180.751	134.815	102.620	62.627	60.324	68.424	69.845	69.509	74.342	77.647	67.534	51.748	44.528	-82%	6%	1%	-200.477
Soya	49.357	52.995	56.610	45.074	27.157	43.454	33.952	19.365	18.367	23.658	26.527	27.316	34.328	39.433	28.806	28.876	-41%	1%	1%	-20.481
Trigo	43.008	51.298	51.191	34.977	29.611	23.622	19.058	18.576	19.842	14.832	17.853	19.678	19.985	18.606	17.549	18.539	-57%	1%	0%	-24.469
Maní	3.265	7.783	6.994	5.382	6.180	3.884	1.789	3.948	3.141	1.948	1.314	1.546	1.573	1.807	2.262	2.278	-30%	0%	0%	-987
Hortalizas	78.193	85.478	87.541	89.805	91.780	98.489	88.045	95.152	95.844	94.527	86.502	88.129	88.976	92.721	98.716	101.342	30%	2%	2%	23.149
Permanentes	2.292.264	2.339.320	2.365.148	2.286.422	2.318.456	2.257.448	2.233.808	2.196.564	2.154.911	2.196.290	2.193.412	2.238.337	2.315.717	2.369.418	2.371.251	2.425.862	6%	53%	60%	133.598
Banano Exportación	41.085	44.141	44.475	43.324	41.292	41.142	41.134	42.532	41.086	40.801	42.267	42.760	43.595	43.582	43.654	42.827	4%	1%	1%	1.742
Cacao	119.689	125.642	108.551	123.361	113.188	105.309	95.413	97.786	93.492	93.038	99.002	100.003	103.931	107.768	109.873	113.921	-5%	3%	3%	-5.768

Caña Azúcar	119.701	117.496	126.518	156.482	178.025	170.151	173.700	167.099	187.023	175.013	165.732	170.662	174.096	172.297	148.346	154.100	29%	3%	4%	34.399
Plátano Exp.	23.000	23.045	12.783	12.139	13.117	10.880	14.038	14.096	13.899	13.899	13.899	17.124	17.124	18.764	18.064	19.424	-16%	1%	0%	-3.576
Tabaco Negro C.I.	3.239	4.259	3.613	4.156	5.444	4.182	2.760	2.968	2.383	2.025	3.165	3.823	3.709	5.322	5.573	3.570	10%	0%	0%	331
Tabaco Negro Exp.	6.431	8.730	7.635	6.593	6.450	4.916	9.551	5.498	4.910	4.412	3.868	4.696	2.498	2.347	2.020	1.806	-72%	0%	0%	-4.625
Palma Africana	109.693	99.937	108.140	113.367	117.853	120.192	123.130	123.423	134.772	138.457	141.778	147.424	154.474	165.988	181.329	204.648	86%	3%	5%	94.755
Arracacha	6.228	6.710	7.066	6.131	5.523	7.605	6.540	3.329	7.464	8.768	8.087	8.012	8.258	8.077	7.766	7.638	23%	0%	0%	1.410
Caña Miel	4.898	7.524	7.959	8.932	8.366	9.243	8.211	7.836	6.443	5.744	4.622	5.750	5.039	5.645	6.394	5.894	20%	0%	0%	996
Caña Panela	191.919	197.887	210.858	212.446	209.011	213.453	210.473	213.562	214.582	218.904	219.504	224.178	222.229	224.048	222.330	219.441	14%	4%	5%	27.522
Cocotero	10.709	10.028	11.043	9.987	11.893	12.544	10.916	13.933	14.076	11.711	12.041	13.114	15.138	14.674	14.918	16.482	54%	0%	0%	5.773
Fique	14.364	16.006	15.388	18.153	22.176	21.022	18.311	17.098	17.987	16.802	17.391	19.059	18.108	19.092	18.003	19.651	34%	0%	0%	4.987
Ñame	6.761	6.059	11.709	11.393	18.710	12.332	15.294	29.527	23.039	21.815	21.678	24.773	26.502	23.771	24.686	25.105	271%	0%	1%	18.344
Plátano	356.378	371.225	375.370	385.876	385.174	373.089	366.035	341.004	376.895	381.796	378.456	369.483	374.216	367.488	367.153	375.231	5%	8%	9%	18.553
Yuca	181.255	186.499	189.603	182.697	198.472	182.071	177.029	179.967	179.348	190.197	171.160	175.264	176.654	178.280	192.852	194.573	7%	4%	5%	13.318
Frutales	112.114	114.132	118.439	122.229	136.762	139.318	149.274	152.908	162.171	168.061	180.252	190.850	198.927	205.391	222.755	223.893	100%	3%	5%	111.779
Café	984.300	1.000.000	1.006.000	869.157	847.000	830.000	812.000	784.000	675.342	704.846	710.510	721.362	771.219	806.884	785.535	797.660	-19%	23%	20%	-186.340
Total Cultivos	4.358.543	4.345.646	4.393.383	4.178.756	4.040.166	3.888.939	3.654.271	3.764.107	3.762.069	3.808.426	3.754.704	3.869.964	4.049.220	3.993.746	3.961.126	4.072.486	-7%	100%	100%	-286.057

FUENTE: **Elaborado por el autor a partir de: Evaluaciones** Agropecuarias Municipales. Ministerio de Agricultura y Desarrollo Rural - Secretarías de Agricultura Departamentales - UMATA. Años 2006 y 2007 MADR - CCI.
Banano Exportación: AUGURA, Café: FEDERACAFE; Caña de Azúcar: ASOCAÑA; Palma Africana: FEDEPALMA;

Anexo 2. PARTICIPACION DE LOS PRODUCTOS EN LA VALORACION DE LA PRODUCCION. 1996 - 2007

Años / Cultivos	1996	1997	1998	1999	2000	2001	2002	2003	2004	2005	2006	2007	2007-1996
Transitorios	**17,49**	**18,38**	**16,48**	**18,7**	**18,8**	**18,6**	**17,2**	**17,38**	**17,99**	**16,8**	**16,0**	**16,3**	-1,1
Ajonjolí	0,03	0,03	0,01	0,02	0,02	0,01	0,01	0,01	0,01	0,01	0,01	0,01	0,0
Algodón	1,18	0,61	0,59	0,67	0,63	0,64	0,53	0,52	0,85	0,75	0,58	0,64	-0,5
Algodón Fibra	1,07	0,54	0,53	0,60	0,57	0,58	0,47	0,47	0,76	0,68	0,53	0,57	-0,5
Algodón Semilla	0,11	0,07	0,06	0,07	0,07	0,07	0,05	0,05	0,08	0,07	0,06	0,06	0,0
Algodón Total	1,18	0,61	0,59	0,67	0,63	0,64	0,53	0,52	0,76	0,68	0,53	0,57	-0,6
Arroz Riego	3,23	3,30	3,12	3,98	3,90	3,97	3,75	3,68	3,77	3,51	3,39	3,42	0,2
Arroz Sec. Mec.	1,10	1,15	1,35	1,42	1,71	1,65	1,81	2,16	2,37	1,72	1,42	1,37	0,3
Arroz Sec. Manual	0,17	0,15	0,16	0,19	0,19	0,25	0,25	0,25	0,24	0,19	0,19	0,18	0,0
Arroz total	4,51	4,60	4,64	5,59	5,81	5,87	5,82	6,08	6,38	5,42	4,99	4,97	0,5
Papa	3,86	3,70	3,43	3,79	3,75	3,60	3,62	3,54	3,42	3,19	3,11	3,26	-0,6
Tabaco Rubio	0,10	0,10	0,10	0,11	0,16	0,16	0,16	0,18	0,21	0,22	0,18	0,17	0,1
Cebada	0,04	0,02	0,01	0,01	0,01	0,01	0,01	0,00	0,00	0,00	0,00	0,00	0,0
Fríjol	0,95	0,94	0,78	0,84	0,82	0,81	0,76	0,78	0,77	0,86	0,78	0,87	-0,1
Maíz Tecnificado	0,37	0,43	0,36	0,50	0,69	0,67	0,65	0,67	0,78	0,72	0,67	0,67	0,3
Maíz Tradicional	0,96	0,90	0,66	0,80	0,84	0,82	0,78	0,78	0,81	0,78	0,80	0,80	-0,2
Maíz Total	1,33	1,33	1,01	1,30	1,54	1,49	1,44	1,45	1,59	1,50	1,47	1,47	0,1
Sorgo	0,68	0,50	0,28	0,30	0,31	0,30	0,31	0,34	0,33	0,29	0,20	0,17	-0,5
Soya	0,16	0,25	0,20	0,11	0,10	0,15	0,16	0,14	0,16	0,14	0,11	0,12	0,0
Trigo	0,11	0,09	0,07	0,07	0,07	0,05	0,06	0,06	0,07	0,08	0,06	0,06	-0,1
Maní	0,09	0,06	0,02	0,06	0,04	0,03	0,02	0,02	0,02	0,02	0,02	0,02	-0,1
Hortalizas	4,46	6,17	5,34	5,82	5,52	5,54	4,31	4,24	4,20	4,35	4,45	4,58	0,1
Permanentes	**27,63**	**26,74**	**26,09**	**28,0**	**27,7**	**28,3**	**28,6**	**28,36**	**28,63**	**29,2**	**29,1**	**29,3**	**1,7**
Banano exportación	3,12	3,31	3,11	3,63	3,19	2,86	2,93	2,78	2,68	2,86	2,77	2,73	-0,4
Cacao	0,51	0,48	0,50	0,52	0,43	0,42	0,45	0,47	0,44	0,44	0,44	0,51	0,0
Caña Azúcar	2,35	2,31	2,34	2,51	2,44	2,20	2,46	2,52	2,48	2,42	2,35	2,42	0,1
Plátano Exportación	0,22	0,20	0,27	0,32	0,28	0,25	0,25	0,24	0,21	0,23	0,21	0,23	0,0
Tabaco Negro C.I.	0,13	0,09	0,06	0,08	0,06	0,05	0,07	0,08	0,08	0,10	0,09	0,06	-0,1
Tabaco Negro Exp.	0,15	0,10	0,21	0,13	0,11	0,10	0,08	0,10	0,05	0,05	0,04	0,03	-0,1

Palma de Aceite	1,62	1,73	1,64	1,96	1,96	2,03	1,94	1,87	2,16	2,29	2,33	2,31	0,7
Caña Panela	1,63	1,66	1,67	1,68	1,60	1,68	1,67	1,68	1,61	1,55	1,52	1,43	-0,2
Cocotero	0,28	0,24	0,21	0,31	0,28	0,27	0,26	0,29	0,32	0,32	0,29	0,30	0,0
Fique	0,15	0,16	0,10	0,10	0,08	0,08	0,08	0,09	0,08	0,09	0,08	0,08	-0,1
Ñame	0,33	0,20	0,26	0,33	0,38	0,38	0,36	0,41	0,43	0,38	0,34	0,33	0,0
Plátano	5,49	5,31	4,90	4,70	5,23	5,67	5,65	5,18	5,27	5,17	5,15	5,05	-0,4
Yuca	2,64	2,17	2,04	2,29	2,22	2,43	2,14	2,19	2,17	2,14	2,15	2,19	-0,5
Frutales	5,72	5,49	5,48	6,03	5,73	5,95	6,24	6,44	6,53	6,81	7,02	6,97	1,2
Flores	3,29	3,28	3,29	3,37	3,66	3,89	3,99	4,00	4,12	4,35	4,36	4,66	1,4
Total Agricultura sin Café	**45,1**	**45,1**	**42,6**	**46,7**	**46,4**	**46,9**	**45,8**	**45,7**	**46,6**	**46,0**	**45,1**	**45,6**	**0,5**
Café	10,7	10,2	12,0	8,7	9,6	9,8	10,3	10,0	9,3	9,2	9,5	9,5	-1,2
Total Agricultura con Café	**55,9**	**55,3**	**54,6**	**55,3**	**56,1**	**56,8**	**56,1**	**55,7**	**55,9**	**55,2**	**54,7**	**55,2**	**-0,7**
Total Pecuario	**44,1**	**44,7**	**45,4**	**44,7**	**43,9**	**43,2**	**43,9**	**44,3**	**44,1**	**44,8**	**45,3**	**44,8**	**0,7**
Total Agrop. Sin Café	**89,3**	**89,8**	**88,0**	**91,3**	**90,4**	**90,2**	**89,7**	**90,0**	**90,7**	**90,8**	**90,5**	**90,5**	**1,2**
Total Agropecuario	**100,0**	**100,0**	**100,0**	**100,0**	**100,0**	**100,0**	**100,0**	**100,0**	**100,0**	**100,0**	**100,0**	**100,0**	**0,0**

Nota: Para Caña de Azúcar y Caña Panela se presenta la Valoración en material verde

FUENTE: Elaborado por el autor a partir de: Evaluaciones Agropecuarias Municipales. Ministerio de Agricultura y Desarrollo Rural - Dirección de Política Sectorial - Grupo Sistemas de Información - Secretarías de Agricultura Departamentales - UMATA. Años 2006 y 2007 Convenio MADR - CCI.
Banano Exportación: AUGURA, Café: FEDERACAFE; Caña de Azúcar: ASOCAÑA; Palma Africana: FEDEPALMA; Flores: ASOCOLFLORES (Volúmenes de exportación).

FSC
www.fsc.org
MIX
Papier | Fördert
gute Waldnutzung
FSC® C083411

Kolibri 360 GmbH
Ferdinand-Jühlke-Straße 7
99095 Erfurt, Deutschland
produktsicherheit@kolibri360.de

Druck:
CPI Druckdienstleistungen GmbH
im Auftrag der
Kolibri 360 GmbH
Ferdinand-Jühlke-Str. 7
99095 Erfurt